教育无痕

掌握家庭教育核心法则，与孩子共同成长

王琳◎著

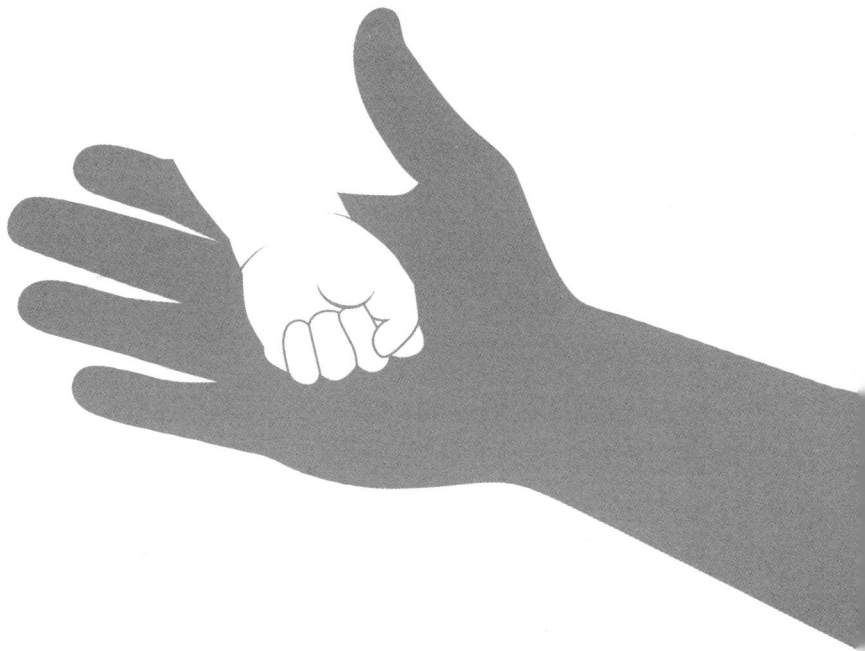

中国铁道出版社有限公司

CHINA RAILWAY PUBLISHING HOUSE CO., LTD.

图书在版编目（CIP）数据

教育无痕:掌握家庭教育核心法则,与孩子共同成长/王琳著.—北京:中国铁道出版社有限公司,2024.3

ISBN 978-7-113-30931-2

Ⅰ.①教…　Ⅱ.①王…　Ⅲ.①家庭教育　Ⅳ.①G78

中国国家版本馆 CIP 数据核字（2024）第 016420 号

书　　名：**教育无痕——掌握家庭教育核心法则，与孩子共同成长**
　　　　　JIAOYU WUHEN：ZHANGWO JIATING JIAOYU HEXIN FAZE，
　　　　　YU HAIZI GONGTONG CHENGZHANG

作　　者：王　琳

责任编辑：巨　凤　　　　　　　　编辑部电话：（010）83545974
封面设计：仙　境
责任校对：苗　丹
责任印制：赵星辰

出版发行：中国铁道出版社有限公司（100054，北京市西城区右安门西街8号）
印　　刷：北京盛通印刷股份有限公司
版　　次：2024 年 3 月第 1 版　2024 年 3 月第 1 次印刷
开　　本：880 mm×1 230 mm　1/32　印张：7　字数：200 千
书　　号：ISBN 978-7-113-30931-2
定　　价：69.00 元

部分学员推荐（按姓氏拼音排序）

陈亮　北京市京师律师事务所合伙人

作为一名律师，我去很多学校做过公益普法教育。我国《家庭教育促进法》规定，父母应当树立家庭是第一个课堂、家长是第一任老师的责任意识，承担对未成年人实施家庭教育的主体责任。然而，绝大多数父母并未经过专业的育儿培训就直接"上岗"，导致在孩子教育上走了很多弯路。王琳老师这本书，展示了她先进的育儿理念和育儿方法，是父母在育儿路上的宝典，值得珍藏。

马歆　微软亚洲研究院学术合作总监

我在王琳老师的课程中找到了长期困扰我的问题的答案：如何成为一位能够与孩子共同成长的家长。现在，我又从王琳老师的书中再一次加深了对孩子成长的认识，期待这本书能够为更多家庭带来启示和帮助。"父母要适应孩子，而不只是要求孩子适应父母"，这句话和每一位家长共勉。

孙玲　中学老师

身为家长又是老师，我非常希望能够给孩子最好的教育。然而在教育过程中，我产生了诸多的疑惑，也让我的内心变得混乱和焦虑。直到我遇到了王琳老师，在她的课程中，我懂得了如何科学地理解孩子，如何找到与孩子的相处方式。现在看到王老师的这本书，我很高兴，书中讲了教育中最让家长手足无措的部分——理解孩子和与孩子相处，它让我们在与孩子相处的过程中建立良好的关系，引导孩子健康成长，实现一种无痕无声的教育。

朱佳　儿科医生

作为治疗孩子疾病的儿内科医生，同时作为孩子的妈妈，对孩子的教育，我非常困惑。认识了王琳老师后，在她极具科学性的指导下，通过一天天与孩子的相处，充分理解孩子，自己和孩子都发生了变化，我们的相处变得多元化，亲密又轻松。得知王琳老师把这些宝贵的育儿之道写成了书，真的是太开心了，希望王老师的这本书可以帮助到更多家庭。

前　言

　　"今天在电梯广告的纸上看到一行字:我要是个安静的孩子就好了……我想这是楼里的小孩子写的,感觉满满的忧伤"这句话是很早之前我与一位妈妈聊天中听她告诉我的。到今天我仍然清楚地记得这句话,因为我感受到了她对孩子强烈的爱和担心。

　　我的工作就是不断倾听父母的困惑、担心、恐惧、内疚、焦虑。这里,我举几个有普遍性的例子:

　　"刚刚我又把他打了一顿,太气人了,马上要上课外班了,他就是东看看西瞧瞧,不知道自觉写作业,我该怎么办?"

　　"我希望孩子在我不夸他的时候也会自觉学习,有可能吗?"

　　"我家5岁的儿子最近喜欢上了粉色,还觉得穿裙子特别好玩,我有点担心,要不要纠正他?"

　　"我家孩子都9岁了,特别没主见,是我们的教养方式有问题吗?"

　　"孩子16岁,宅,不喜欢运动,也不出去旅游。为什么会这样?"

　　"孩子在我们陪着他学习的时候,拖拉的现象明显减少,可是我们应该陪着吗? 看了很多育儿书,也和不少家长交流过,都说孩子小的时候需要父母陪伴。可我们没有那么多时间和精力,难道我们必须要放下自己的工作吗?"

"我的孩子上小学二年级了。他虽然学习不错,但一遇到稍微难点的题就会叫我给他讲。如果我告诉他先想一下,他就表现得很难受,看着作业开始掉眼泪,说就是想不出来。看到孩子这样,我就想,遇到一丁点儿困难就退缩,这怎么行啊。我们以前都很注意表扬他,为什么他还是这么脆弱没有自信呢?"

"孩子做事总是不考虑后果,我想让他养成三思而后行的习惯,应该怎么办?"

"有一次我陪孩子在空气城堡玩儿,一个胖孩子老是去故意撞倒他。在他被撞两次后,我先是把我孩子叫过来,让他离那个孩子远点儿,但是那个孩子还是要故意去撞我孩子,于是我就冲那孩子喊了一句:'我告诉你,离我孩子远一点儿。'于是他的父母就过来跟我吵架,两个孩子都哭了。事后,我把我孩子叫过来,安慰他说:'不是你的错,是那个孩子不讲道理。'我觉得自己似乎做了一件'主持正义'的事情。但是后来想到孩子当时哭得很凶,我又开始自责,觉得自己做得不对,担心自己的做法给孩子造成了不好的影响,让孩子失去安全感、会害怕。那遇到这种情况,我该怎么办呢?"

养大一个孩子到底需要父母用多少心思去解决这些不间断出现的问题? 我也曾感到迷惑,父母们都能接触到很多育儿建议,告诉父母该做什么,不该做什么。可为什么他们还是有这么多问题呢? 在我不断为父母解答问题的过程中,我越来越清楚原来深层的原因在于他们不了解孩子的成长规律,以及因此产生的错误观念。

比如,一个为孩子不自觉感到头疼不已的妈妈,需要首先知道自觉和不自觉是如何形成的,才能找到孩子不自觉的真正原因,也才能对症地帮助孩子。根据现代动机理论,人的自觉性有两个影响因素,分别是"我想不想做"和"我能不能做"。那接下来的问题就是,这两个因素又是怎么形成的？为什么有的孩子面对难题会相信"我能做到"，而有的孩子则一遇到困难就不自信呢？为什么有的孩子在成长中总能对学习和生活抱有激情，而有的孩子则显得兴趣索然难以激励呢？只有这样一层一层地分析清楚，我们才能真正解决孩子不自觉的问题。（详见第六章）

如果不了解这些信息，父母们即使得到一本操作手册，也依然会遇到一大堆问题。就好像很多父母向我抱怨："我知道要共情孩子，可哪里像书上写的那样，我只要共情孩子，孩子就会好好配合我吗？真难啊！"其实这就是知其然不知其所以然。如果不了解情绪的本质，就不知道共情要如何做才对。（详见第四章）

可惜的是，虽然受现代文明教育的人都承认身体成长、物理世界、经济发展、社会发展的背后都有复杂的规律，却有很多人还不愿承认人的成长背后也是有复杂规律的，甚至有的人认为自己的经验就是所有孩子成长的规律。他们认为，谁没当过孩子，还需要了解成长规律吗？教孩子不就等于给孩子讲道理，或者就是给孩子自由，或者相反就是要给孩子立好规矩吗？当孩子的行为出现问题的时候，他们则认为是孩子本身有问题，到处寻找方法来"解决"孩子的问题。但结果当然总是寻而不得，或者只是机械地记住和运用几个概念和做法，于是更多的焦虑和问题产生了。

其实，这也不能都怪在父母身上。虽然近一两百年，儿童发展心理学等学科相继建立和发展起来，科学对儿童成长规律的了解爆炸式地增长，但有很多科学知识和信息还停留在教科书上。

我逐渐发现，当我把这些知识和信息分享给很多父母以后，他们的焦虑减少了，对教育的认识加深了，对孩子的教育也更自信和更有效了。

　　这使我产生了把这些知识和信息写成书的想法。它们应该被更多的人看到。

　　这本书不仅是写给面临教育问题的父母们，也是写给那些想要更好了解自己的人。我们每一个人都是从孩子成长起来的，了解孩子的成长也就是了解我们自己的过去，从而帮助我们了解现在的自己。比如，在第三章中我讲到社会对成长的影响，包括社会如何影响我们天性的发展、如何影响我们认识和接受自己的性别、如何影响我们道德的形成。如果不理解它们，我们怎么可能真正理解自己呢？

　　当然，这本书不可能包含孩子成长规律的所有知识，这本书的目的是帮助父母理解这样几个关键教育观念，即每章的标题，分别是：孩子不是小大人；孩子不应是童年的奴隶；孩子是社会性动物；满足孩子的情感需要；管理孩子的行为；教育无痕。

　　为什么要把它们作为这本书的重点呢？因为我在多年与孩子父母咨询的过程中发现，它们既是理解成长的关键观念，又是被普遍误解的观念。可以说，如果不理解它们，在教育孩子过程中就会出现这样那样的问题。父母们常见的问题中都会看到它们的影子。

　　然后我把它们分为两个部分：第一部分"理解"，更多地侧重从底层逻辑解释人的成长；第二部分"相处"，更多地侧重从实操层面解释成长规律在教育中的应用。

　　还有一点我想说明的是，我把父母可能最关心的如何培养孩子的自信、自觉、不拖拉放在了书的最后，其实是想传递这样一个观念：教育讲究的是水到渠成，而不是像修理机器那样修理孩子。如果父母能做到前面的理解和做法，那最后一章自然就很容易吸收了，因为问题都被提前预防了。最好的教育是预防，而不是救火、不是抢修。

　　本书的写作基础是发展心理学。发展心理学将成长分为四个方面,分别是生理、社会化、认知、情感和心理。本书的内容主要集中在情感心理发展和社会化发展。限于篇幅和主题,其他几方面内容不做过多介绍,但我希望读者在阅读本书时能记得这四个方面是相互影响和共同作用于孩子成长的。

另外,本书在阅读上,我建议读者朋友们能把每一章作为一个阅读单位。因为发展心理学近几十年的发展非常迅猛,有相当多的信息,但对于没有发展心理学基础的读者,这些信息之间又显得比较零散。所以,请您在阅读过程中不要只满足于理解字面意思,结合每章的主题来读会给您更深的理解。

最后,我在这里向那些让这本书能呈现在读者面前的人致以我最真诚的谢意。我首先要感谢我的父母,他们给了我最无私的爱,成就了今天的我,他们的身体力行教会我要成为对他人有用的人。我还要特别感谢的是这本书的编辑巨女士,没有她,就没有这本书。正是她对我的信任和支持,这本书才得以面世。最后,我要感谢的是拿起这本书阅读的您,您的阅读让这本书有了意义。如果这本书能给您的生活带来一点帮助,那就是这本书最大的意义。

王　琳

目 录

第一部分　理　解

第二部分　相　处

第 **一** 部分

理　　解

　　教育始于理解。哲学家雅各布·尼德曼说过一句话："如果你对该在意的事情不在乎，到头来它会占用你更多的精力。"这句话也能解释为什么很多父母面对亲子问题时感到焦头烂额，就是因为父母在教育孩子时，没有在意他们该在意的事情——理解孩子。如果有人认为"孩子有什么不好理解的，不过就是年龄比大人小一点、想法天真一点"，那他也许是时候反思一下对孩子的理解了。在这个部分，我选取了一些针对孩子成长的常见误解，用心理学、教育学、人类学等相关的研究对其进行分析和澄清。

第一章

孩子不是小大人

　　孩子是"小大人"吗？对于这个问题很多家长会说——当然是。他们甚至认为孩子不就是一个"缩小"版的成人吗？所以，他们用成人的思维、成人的感受去理解孩子。而在教育孩子的过程中，当发现自己总是力不从心的时候，他们可能还没意识到问题就出在把孩子当成了小大人。世界的形象在孩子脑子里和在成人脑子里是不一样的，所以，作为家长必须清楚地认识到，孩子不是缩小版的成人。如果家长总是用成人的标准去理解孩子，那将无法真正地理解孩子，从而胡乱地作出干预孩子成长的行为。

第一节　为什么小孩子都喜欢囤东西

　　小孩子的某些行为在成人眼里常常很不可思议。比如，小孩子喜欢把一些看起来没用的东西当成宝贝囤起来，或者从口袋兜里掏出满满一兜子的小石头，或者在家中某个角落里藏着一堆他们从外头捡回来的树枝和树叶……但在发展心理学家眼里，小孩子这种让人一笑了之的行为其实大有深意。

一、自我的构成要素

要解释孩子这个行为,请让我先绕个远路,您跟随我来看以下几个自我介绍:

"我快三岁了,我有一个爸爸和一个妈妈,我的眼睛是黑色的,我最喜欢的事是骑自行车和打篮球,我给你表演一下骑自行车。"

"我叫××,我在××小学上学,我今年七岁了,现在是期末,等 9 月 1 日开学我就是二年级的大姐姐了。"

"我是一名老师,我有一个可爱的女儿。我是一个感性多于理性、善良、体贴别人、做事认真踏实的人。但我有时候又容易犹豫不决。"

以上是不同年龄的人所做的自我介绍。你能从中看出什么不同之处吗? 小孩子的自我介绍跟成人的自我介绍相比,内容显得没有章法、杂乱却可爱。但我想探讨这其中更隐秘的本质区别。

我们每个人在介绍自己时,都要说出最能体现自己个性和特质的句子,但说哪些内容最能体现自己呢? 在这一点上,年龄小的孩子、年龄大的孩子、成人三者的认知是不同的。年龄小的孩子在介绍自己的时候,展现的都是他拥有的东西——我有什么家人、我的眼睛是什么颜色、我喜欢做什么事;年龄大一点的孩子在介绍自己时开始有了一点不同,会引用自己的社会关系——我是一名二年级的学生,不再是一年级的"小豆包",别的孩子该叫我大姐姐了;而成人的自我介绍则与孩子的更不相同,除了提及自己的社会关系、职业、社会角色等,还增加了自己的思想、观点及自我个性——我是个什么个性的人、我的信仰是什么,等等。所以,如果我们听到一个成年人只用自己拥有的东西来介绍自己时,就会觉得奇怪,而当听到一个小孩子会用自己的社会关系或他自己的思想观点来介绍自己时，就更会感到不可思议。

实际上，所有人的自我都要建立在这三类上：我拥有的东西、我与其他人的关系、我的观点信念等。每个人都要用这其中的一种或几种来定义自己。没有它们的支持，一个人的自我就建立不起来。

它们在心理学中有自己的名字，分别是物质自我、社会自我和精神自我。

1. 物质自我

物质自我，就是我们拥有的东西。这些东西能让我们表现出强烈的情感，包括真实的物体、人或地点，比如，我的家乡、我的祖国、我的家人、我的书、我的狗、我的腿；也包括没有具体实体的概念，比如组成自己名字的字或者首字母。当我们面对一堆刻着像"宇、琳、敏、强、磊"这些字的石头时，你首先想到的是不是在其中找到自己名字中某个字的那颗石头？只要这个字跟一个人的名字有关，这个人就会对它产生一种偏爱和敏感，它也就成了这个人物质自我的一部分。另外，如果我们非常关注某个东西，并花费很多精力和时间得到它，那它也是物质自我的一部分，比如我们的学位。

让我们产生感情的东西就构成了我们的物质自我。这些东西对我们来说，具有某种特定的价值和象征意义，能帮助我们定义自己和提升自尊感。所以可以说，人们积累所有物的目的是扩展自我感。从这个角度来看，我们就很容易理解日常生活中人们对自己的所有物的眷念之情，正所谓敝帚自珍。

这一点对于小孩子来说尤其重要。因为他们还没拥有稳定的社会关系和精神观点，物质自我就成为构成他们自我的唯一基础，如果没有这些东西,他们该如何介绍自己呢?这样一想,我们对小孩子喜欢囤积东西的行为就很好理解了。他们之所以珍视这些东西是因为他们要通过这些东西来界定和扩展自我。

2. 社会自我和精神自我

除了物质自我,自我的构成要素还包括社会自我和精神自我。社会自我,就是我们在其他人眼中的样子,或者说其他人对我们的看法评价,以及我们如何看待别人对我们的看法评价,包括我们所拥有的各种社会地位和我们所扮演的各种社会角色。比如,我是一位父亲、我是一名教练、我是一名军人等。

精神自我,就是我们感知到的心理感受。除物质自我、社会自我之外被称为"我的"的东西就是精神自我的构成要素,包括能力、态度、情绪、兴趣、动机、意见、特质、愿望等。

社会自我和精神自我丰富了我们的自我,让我们有了更复杂的行为和选择,甚至是生死选择(在电影和现实生活中都有很多这样的例子)。

比如大家还记得在去年夏天的一场特大暴雨中,一辆从呼和浩特开往北京的火车遇到塌方,不得不停在中途。在被困十个多小时后,乘客们开始慌张。这时,一位乘务员站出来,用颤抖的声音说:"……我是一个女人,我也是一个别人家的孩子,我就是因为穿了这身衣服,我得对得起大家。千万不要拥挤,不要发生任何危险!"她和其他人一样恐慌和害怕,不知接下来会发生什么,但她的社会自我让她在危急关头克制住自己的恐慌和害怕,勇敢地站出来负起自己的责任。

再比如,李叔同是近代史上一个让人称奇的人物。出身富贵家庭的他自幼就多才多艺，年轻时还留学日本，在音乐、美术、戏剧、书法等多个领域都有很好的修养。但到了中年，他突然放下钱财、成就、家人，皈依佛门。如果用自我来解释他的这种行为，可以理解为他放下了物质自我、社会自我，一心追求精神自我。

3. 自我构成的不同会影响我们的行为

了解自我的构成，能帮助我们更好地理解自己和他人的行为。不同的人会建构不同的自我。小孩子只用物质自我来定义自己，而有些人则放弃对物质自我和社会自我的追求，只用自己的精神信仰来定义自己。

上面对孩子喜欢囤东西行为的解释说明，如果我们用成人的眼光来解读孩子的世界，是多么的自大和无知。从成人的角度看待孩子，会让我们不由自主地带上一种优越感，也常会让我们觉得孩子的行为不可理喻。如果我们总是以"孩子就是'缩小版'的成人"的观点看待孩子，就不可能了解孩子，更不可能给他们的成长提供真正的帮助。举个很简单的例子，从孩子的自我发展来考虑，我们让还没有社会自我、精神自我的小孩子真正理解"分享才是好孩子"的观点并做到它是不是我们一厢情愿的想法呢？如果孩子真的这样简单地接受了这种观点，对孩子的成长会产生什么影响？另一方面，如果父母出于溺爱的心理，一直用物质满足孩子而不重视孩子的精神需求，对孩子的成长又会有什么样的影响呢？

二、自我复杂度

1. 什么是自我复杂度

有一部电影叫《海上钢琴师》，它讲述了一个离奇的人生故事。

一个尚在襁褓中的婴儿被遗弃在一艘豪华轮船的钢琴上,他被锅炉工丹尼捡到并收养下来,从此开始在这艘轮船上生活。丹尼给这个孩子起名 1900。1900 没有父母、没有正式名字、没有国籍、没有家乡。这个世界与他唯一的关系就是丹尼和这艘船。在他八岁的时候,丹尼也因为意外离开了人世。在丹尼好心工友的帮助下,1900在这艘轮船上慢慢长大,他从未离开过这艘船。更神奇的是,1900是个无师自通的天才钢琴家,他弹奏的琴声让所有人为之倾倒。这本来可以带给他名利、地位、财富和爱情,但对于 1900 来说,除了音乐,生活中只有一样东西最重要——他生活了多年的这艘船。他宁愿放弃其他所有东西,也不愿离开这艘船,最后跟这艘船一起被炸掉。他的人生最终以这种方式结束了。

对于 1900 来说,这艘船和音乐如此重要,已经成为他不可分割的一部分,成为他在这个世界上生存下去的基础。这两样东西的消失也就意味着他的消失。可以说,1900 的自我只有这两个基础。设想如果有人问他:"你是谁?"1900 会怎么回答呢? 他会说:"我是一个生活在一艘大船上的钢琴家。"

自我复杂度就是一个人用多少要素来定义自我。一个自我复杂度高的人会用很多不同的特征来描述不同背景或不同关系中的自己。比如,在工作中我是一个理性、充满竞争力的管理者;而在生活中我是一个狂热的冲浪爱好者;同时我也是一个负责任的爸爸,我跟孩子在一起的时候,我会表现得很随性。而一个自我复杂度低的人则会像 1900 那样,只能用非常有限的特征来描述自己。

2. 自我复杂度的影响

当我们对孩子说"你什么都不用管,只要学习好就行,你最重要的事就是学习"时，我们其实是鼓励孩子成为一个自我复杂度低的人。就像很多孩子说："我除了是个好学生外，不知道自己还是什么人。"对于这样的孩子来说，"好学生"是自我唯一的基础，他们为了"好学生"的身份而活。

有人可能会问，这有什么问题吗？成为好学生有什么不对吗？成为好学生本身没有什么不对，但是活着只为了成为好学生就有一个潜在的风险，那就是当这个身份被动摇、被否定的时候，孩子用什么来证明自己的存在？就像1900，当用来定义自己的轮船被毁灭，他就决定随之一起毁灭，因为在一个没有这艘船的世界里，他找不到自己。

自我复杂度低，也就是支撑自我的支柱少，比如一位一心扑在工作上没有其他生活内容的勤勤恳恳的"工作狂"，可能认为自己的价值就在于自己的工作能做出成绩，他的自我复杂度很低。那么一旦这个支柱出现问题，比如他在工作上遇到了很大的打击，支柱倒了，上面的大楼，也就是这个人的自我也就会轰然倒下。

而对于自我复杂度高的人来说，当他的一个身份遇到打击，他的自我只不过少了一个支柱，还有其他的支柱支撑，他还可以用其他身份去实现自我价值的认同。举个例子，一位全职妈妈如果除了妈妈这个身份，她同时还有绘画爱好者、公益活动组织者等其他身份，那么，当全职妈妈这个身份出现变化，比如孩子离开家去开始自己的生活，或者她感到自己作为妈妈有很多遗憾时，她也会伤心难过，但不至于失去生活的积极态度和勇气。

所以，自我复杂度高一些能帮助人们更积极应对生活中那些让人痛苦的打击。自我复杂度高的人可以在受到打击时转向关注自我的其他身份，而自我复杂度低的人则会失去有限的自我价值支柱，就需要很长一段时间才能恢复过来。

那么,如果一个孩子对自我价值的认同就只有"好学生"这个支柱,当他在学业上一帆风顺时一切都显得风平浪静,但一旦这个孩子在学业上出现比较大的挫折,他就会很难承受,因为他的自我价值失去了支撑。

所以,为了让孩子长大后在面对打击和挫折时,不会因为自我价值的崩塌而倒下,建议父母们不要让孩子的自我局限在某一个因素上,不要只是让孩子认为只有学习好才有价值,而是要多发现孩子的兴趣,让孩子全面发展,交到自己的朋友。

本节关键点

孩子不是"缩小版"的成人。我们如果只从成人的角度出发,是无法真正理解孩子的。如果你以为孩子的行为只是好玩、无聊,那很可能是你并不了解孩子,不了解孩子的成长过程。即使像囤积东西这样的行为背后,也藏有成长的规律。

人的自我是人存在的根本。为了保证这个根本的健康稳固,孩子的自我需要多方面的支柱。

成长是个一点一滴积累的过程。在孩子成长的过程中,自我成长从孩子出生后的那一刻就开始了。我们要想培养出一个独立、自信、坚毅的孩子,就要了解孩子自我的发展。

第二节　小孩子的迷之自信
和青春期摇摆的自信

小孩子往往都有一段时间会对自己感到"迷之自信"，他们会说"我最厉害了""我是世界上跑得最快的人"这样的话。如果我们听到一个成人这样说，会理所当然地认为这是自大的表现，但是小孩子这样说也是因为自大吗？我们要不要教育他们谦虚一点呢？而到了青春期，孩子又会时而认为自己是天下第一，时而又跌入不自信的谷底。如果我们用成人的心理特点去分析孩子的这些行为，很可能会无形中给孩子戴上自以为是或不自信的帽子。但从孩子认知能力的发展规律来看，孩子的这些行为表现自有其道理。

一、孩子为什么迷之自信

1. 心理表征能力

为了找到答案，我们先来看一道题：

假设有一个不透明的纸筒，一串珠子以红、黄、绿的先后顺序进入这个纸筒，然后我们把纸筒旋转180度，请问当这串珠子从纸筒的另一端出现时，最先从纸筒里出来的是什么颜色的珠子？

要解决这个问题有两种方法。一种方法是我们准备一个纸筒和一串红黄绿珠子，根据题目的要求实际做一次，答案就一目了然；另一种方法则是在心里想象一个纸筒和一串红黄绿珠子，并按题目要求在心里"操作"一番，然后得出答案。

小孩子一般不会使用第二种方法，因为这种方法需要运用到"心理表征"，就是把现实中具体的东西转化为抽象的内心概念，这是人类大脑的一种高级认知能力。没有这种认知能力，人的很多行为和思想就无从进行。比如，"从左到右按身高的高矮排好队"对于成人来说是个非常简单的指令，简单到我们意识不到自己做了什么思考。但是你见过幼儿园老师给孩子们下过这个指令吗？基本上不会出现。孩子们要执行这个指令，就需要把他人和自己的身高表征拿到内心进行比较，幼儿园的孩子没有足以完成上面任务的心理表征能力，所以做不到这个在我们看来简单到不能再简单的行为指令。

心理表征能力这个概念虽然听起来陌生，但它的影响在生活中却随处可见，包括上面说到的小孩子的迷之自信。

2. 小孩子的心理表征能力差

我们想要对自己做出客观的评价，就需要将自己和他人抽象成两个形象同时放到心里，然后在各种感觉之间或者各种概念之间建立联系。比如孩子要得到关于自己跑步速度快慢的真实评价，就要将"我比她跑得快"和"我没有爸爸跑得快"这两个概念联系在一起，得出"我比一些人跑得快，但比另一些人跑得慢，所以我不是世界上跑得最快的人"这样的结论。

这就需要用到心理表征能力。但小孩子的心理表征能力是受限的。

首先，心理表征需要足够大的心理空间。我们可以简单地用做手工时的工作台来比喻，如果工作台太小，容不下所需的工具和原材料，那么手工工作就会严重被影响，很多工作就无法进行。同样地，心理表征形成的心理概念和外部信息也需要一个工作台来摆放。认知心理学给这个工作台起了一个名称，就是工作记忆。工作记忆就是当我们思考一个问题时，大脑里用来临时容纳那些对解决问题相关信息所占的空间。工作记忆随年龄的增长而增加。跟大人相比，小孩子的工作记忆的容量少得可怜，还不足以支持他们能在内心比较两个人形象的工作。小孩子在心里放了自己的表征就没有地方放别人的表征，放了别人的表征就没有地方放自己的表征，反正对于他们来说就是不能同时把自己和别人的表征放到工作记忆中，所以孩子缺乏在内心进行比较的能力。正所谓没有比较就没有伤害，所以小孩子在不与他人做比较的情况下觉得自己最厉害也就是很自然的事了，尽管这种自信在大人眼中是不切实际的。

其次，小孩子的认知能力只能做到非黑即白，就是他们对一个状况只有接受或不接受、喜欢或不喜欢两种答案，而不能做到协调后整体地看待全局。所以他们不能接受又好又坏的概念，那自然他们对自己只会认为"我很好，我不可能是不好的"。

3. 小孩子的迷之自信只是年龄特点

因为小孩子的年龄特点，他们总是给自己过于美好、不切实际的评价。但这并不是因为他们自恋自大，也并不代表他们以后就不知道谦虚，而是由他们的发展特点决定的。他们需要在小学一二年级以后才能发展出对自己能力的批判评价能力，也就是比较综合、全面、现实的评价，比如"我擅长跑步，但不擅长打乒乓球"。

这不仅是孩子发展过程中正常的发展特点，而且对孩子这个阶段的发展大有好处。在这个阶段孩子的主动性会大大提高，他们总想去做很多事，但他们的能力很有限，周围的大人也会为了安全等原因限制他们做很多事，所以他们会经常遇到自我和外界的冲突。如果没有这种不切实际的自信加持，在这些冲突中孩子就可能会产生不胜任感。所以,这种迷之自信对于孩子来说其实是一种成长的力量,可以保护孩子良好的自我认知,还能鼓励他们做出大胆的尝试,为未来的成长打下好的基础。

了解了孩子这些发展规律,我们就知道大可不必过于担心小孩子的迷之自信会发展为自大,也就不必刻意打压和限制他们;另一方面也不要过多地鼓励孩子去发展这种不切实际的自信,因为这样可能会固化孩子非黑即白的幼稚思维,一味地追求建立在"我就是比其他人都好"基础上的自信。

二、青春期摇摆的自信

我们再来看青春期的孩子。他们早已走出了"迷之自信"的阶段,进入了一个看似相反的状态。他们的自信像是美丽的气球,虽然有时膨胀到飘起来,但很容易因为一点小小的原因就泄了气,觉得自己一无是处。那么,孩子们小时候的超强自信都到哪里去了呢?这跟他们的认知能力发展有关系吗?

青春期的孩子在认知能力上已经有了实质的长进。比如他们在内心进行比较的能力,已经足以让他们看清自己和他人的区别、现在的自己和以前的自己的区别、现实的自己和理想的自己之间的区别。在这些区别中,他们看到了自己的不足,以前那种盲目的自信当然也就消失了。

不仅如此,他们的认知能力也让他们的自信变得摇摆不定。他们的抽象思维能力已经趋近成人,这让他们已经不像小时候那样只能用具体的能力对自己进行评价——"我跑得快,我力气大",而是用更为抽象概括的词来评价自己——"我是个运动能力很强的人"。但他们在掌握这种新的抽象思维能力上还不够熟练,会出现一些问题。

因为他们之前对自我的评价是具体的"我跑得快"，建立在这种具体评价上的自信就是很确定的；而现在对自己的评价变成"我是个运动能力很强的人"，这不再是一个具体的评价，而是一个抽象的概念。抽象的概念就不容易直接验证，而要靠抽象思维能力来得出推论，那建立在这之上的自信也就变得没那么确定了，也就没那么好把握了。所以，孩子在自我感觉好的时候就觉得特别自信，但当自我感觉不好的时候就一下子变得特别不自信。

而且，随着孩子接触的人越来越多，所处的环境越来越多样，孩子的自我评价也变得越来越多方面。比如，跟妈妈在一起的时候他们觉得自己很尖锐，跟好朋友在一起的时候他们觉得自己很热情，跟陌生人在一起的时候他们又觉得自己很天真，独处时他们又觉得自己其实是一个多愁善感的人。这种不同的自我评价就叫多重自我。孩子在成长当中会有一段时间不能意识到这些矛盾的存在，也没有要把它们整合成一致的自我形象的需求，也就不会为此感到痛苦和影响到自信。但当孩子开始想，"我跟朋友在一起的时候有说有笑，可跟父母在一起的时候总是吵架，到底哪个才是真正的我"，或者"我其实挺能说的，在朋友面前我的话总是让他们觉得很好玩，可为什么在陌生人面前我就不知道怎么说话呢"的时候，他们就开始感到不理解，开始感到迷茫。他们会在不同的自我评价中体会到不同的自信，这种多重自我的矛盾心理就导致了他们自信心的摇摆。

不过，随着年龄的增长和生活阅历的不断丰富，他们最终会有能力把这些多重自我进行整合，比如"我是一个情绪化的人，不同的人用不同的方法跟我交流，我就会有不同的情绪。朋友对我很平等，我的情绪就是轻松的，能跟他们有说有笑。但爸爸妈妈管我管得太多，却不管我的心里真正在想什么,所以在他们面前我的情绪总是激动"。或者"我是一个慢热的人,所以在不熟悉的人面前我不怎么爱说话,在熟悉的朋友面前我才会妙语如珠"。

所以,青春期认知能力的发展使孩子的整体自信程度比小时候降低了,而且变得摇摆不定难以捉摸。这也是一种成长的规律。孩子的认知能力发展让他们变得更加能够面向现实,在成长中促使他们将自我认识和自信调整到更加适应现实的状态,不断寻找更符合自己特点的发展。在这个过程中,他们会对他人的评价很敏感。所以,父母要保持一种平静而关注的态度,不要武断地给孩子下定义贴标签,比如"这个孩子就是不自信",而要注意跟孩子进行平等的交流,接受他们有些看似与现实不符合的自我评价,还要鼓励他们跟同龄的孩子多交流,以关爱、亲密、开放的态度陪伴他们走过这段对他们以后人生非常重要的自我探索的旅程。

本节关键点

自信发展的一个重要基础就是大脑认知能力的发展。自信的发展在很大程度上要以认知能力的发展为基础。正是因为人的认知能力的发展特点,决定了孩子在学龄前会显得自信心过于强大,到了青春期又显得脆弱且摇摆不定。只要孩子的表现在正常范围内,我们就不用过多的担心和干预,这些表现都具有成长的力量,可以帮助他们应对成长中的困难。

第三节　撒谎不是孩子天生就会

如果遇到坏人，多大年龄的孩子能通过撒谎来保护自己？下面这个实验可以告诉你答案①。

实验人员先找来了年龄分别为三岁、四岁、五岁的孩子们，给他们每个人发了一些贴画。然后告诉他们："过一会儿会来一个'坏妖怪'，这个'坏妖怪'会先问你最喜欢哪张贴画，等你告诉他以后，他就会把你说的那张贴画拿走。"那等"坏妖怪"来的时候，这些孩子会怎么做呢？第一次实验结果显示，五岁的孩子里有一半会如实告诉"坏妖怪"自己最喜欢的贴画；四岁的孩子大多都如实告诉"坏妖怪"自己最喜欢的贴画；三岁的孩子全都如实告诉"坏妖怪"自己最喜欢的贴画。然后，"坏妖怪"就拿着孩子最喜欢的贴画离开了。

接下来，"坏妖怪"又来了几次，每次都重复一样的步骤。在不断实验的过程中，五岁的孩子都学会了用假话骗"坏妖怪"；大部分的四岁孩子也逐渐学会用假话骗"坏妖怪"；只有三岁的孩子还是每一次都如实说出自己最喜欢的贴画，虽然他们在最喜欢的贴画被"坏妖怪"拿走后显得很伤心，但他们似乎不知道可以通过撒谎来骗"坏妖怪"。

这个实验告诉我们，大部分孩子要等到三四岁以后才能懂得用撒谎这种方式来保护自己。

---

① Peskin J，"Ruse and Representations：on Children's Ability to Conceal Information，"*Developmental Psychology* 28(1992)：84–90.

可能有人会觉得奇怪,撒谎不是孩子天生就会的吗? 撒谎还需要什么能力吗? 小孩子不撒谎难道不是因为天真吗? 发展心理学不这么认为。实际上,在发展心理学看来,撒谎是孩子社会化发展的一个重要里程碑,因为它标志着孩子具备了初步理解他人内心的重要能力。

一、理解他人的能力并非天生

"理解他人"是一个大大被低估的能力。虽然它听起来就像"呼吸"一样简单,但它确实不像呼吸一样是我们生来就会的,甚至对一些人来说,比理解相对论还要难。

英国物理学家保罗·狄拉克是与薛定谔一起获得过诺贝尔物理学奖的物理学大师。有一次,在狄拉克做演讲的过程中,他的同事提问道:"我不明白刚才那个公式。"于是大家就等着狄拉克的讲解。可是,狄拉克听了这话,只是稍微停顿了一下,然后就像什么都没发生一样继续他的演讲。主持人只能打断他,询问他是否愿意回答刚才的问题。狄拉克显得很吃惊,说:"问题? 什么问题? 我的同事只是做了个陈述。"原来他根本没有听懂同事话里的意思[①]。狄拉克是世界最顶尖的物理学家,他能搞懂艰深的量子力学,却无法迅速理解他人最简单的心理活动。

所以,理解他人并不是我们以为的那么简单。理解他人和理解黑洞是两种不同的任务,大脑会用不同的神经机制去完成。那为什么我们会觉得理解他人简单呢? 因为在人类的进化中,大脑选择将几乎所有可能的时间用来训练理解他人所需的神经机制,

---

① 卡洛·罗韦利.现实不似你所见[M].杨光,译.长沙:湖南科学技术出版社,2022.

也就是"社会脑"。我们在日常生活中都会本能地寻找在人际关系中对他人表情、言行和内心活动的解释，比如"今天他跟我说的那句话是什么意思""她好像不是很开心，是不是发生了什么""我这样做他会怎么想，会不会高兴呢""孩子今天吃饭很慢，她一定是不想去写作业"。

大脑之所以会不断训练自己去理解他人，是因为如果我们没有这种能力，人与人之间就不能正常交流互动，就像狄拉克那样。所以，并不是理解他人就比理解黑洞容易，是因为人类大脑长期的训练才能让我们在理解他人的时候轻松自如。

二、理解他人能力的发展

1. 学会理解他人内心想法

对于没有太多与人交往经验的小孩子来说，让他们去理解他人是很困难的一件事。就像前面实验中三岁的孩子，在理解他人这个能力上，他们需要学习很多东西，其中最关键的是理解人的意图、感受、信念对行为的影响。要做到这点，需要循序渐进的进步。

假设你和一个孩子坐在一张桌子的两边，桌子上摆着一碟饼干和一碟蔬菜。孩子看见你各吃了一口饼干和一口蔬菜，并且看见你吃了以后分别做出喜欢和不喜欢的表情，然后你对孩子说："我还想吃，请你拿给我吃。"年龄多大的孩子才会懂得根据你的表情去拿你想要吃的东西呢？实验①发现，18 个月大的孩子才能做到这点，也就是懂得他人的行动是受他人内心感受的影响。而 14 个月大的孩子

---

① Novotney A, "Awakening the child inside," *American Psychological Association* 42 (2011): 34.

还做不到这点,所以不管对面的人表现出喜欢吃饼干还是蔬菜,14个月大的孩子都只会拿自己喜欢的东西给对方吃。

虽然孩子要在一岁半以后才能开始从他人的内心感受出发去理解他人,但是孩子的这种理解能力已经超越了当代最先进的智能机器人。智能机器人有着远超人类的计算能力,却无法做到像一岁半的孩子这样理解他人。从某个角度可以说,理解他人比理解知识更难。要理解他人,孩子要首先学会理解每个人都有自己的内心想法,即使对同一件事,获得的信息完全一样,每个人的想法也并不一定相同,因为每个人的想法还要受到他人的意图、感受、信念影响。

2. 理解错误信念孩子才能学会撒谎

此外,孩子还要学习很重要的一点:人的内心想法与现实是两回事。当人的信念与现实不符时,人不会根据现实情况去行动,而会根据自己的信念去行动。这就叫错误信念。

假设一个人放了一个东西在抽屉里,但趁他不在的时候,你把这个东西拿出来放到了另一个盒子里。你很清楚东西已经不在抽屉里了,而他则会以为他的东西还在抽屉里,虽然他的这个信念此时已经跟现实不符了,但他回来后还会根据这个错误信念到抽屉里去找①。但是,如果你问一个三岁以下的孩子这个人会怎么做,他的回答很可能会是"这个人会去盒子里找"。

也就是说,三岁以前的孩子几乎还不知道人会根据错误信念行动,所以,他们对于他人行为的推理跟成人是不一样的。

理解错误信念对人行为的影响是非常重要的。只有懂得错误信

---

① WELLMAN H M. The Child's Theory of Mind[M]. London:MIT Press,1900.

念这个概念，孩子才懂得可以通过撒谎来达到自己的目的。撒谎就是种下一个错误信念到他人心里，让他人根据这个错误信念去行动。所以，孩子偷吃了巧克力后为了逃避惩罚就会对妈妈说："不是我吃的，是哥哥吃的。"而在上面的实验中，3岁的孩子还不懂得"坏妖怪"的行为是受其内心的观念所决定，而不是由自己喜欢什么这个事实所决定的，所以他们就不会通过撒谎来改变"坏妖怪"的想法从而保护自己喜欢的小贴画。

所以，撒谎不是孩子天生就会的，它的出现标志着孩子理解他人的能力发展到一个重要里程碑。研究表明，对错误信念理解的能力越强，孩子在之后的社会交往能力也就会越强。当孩子能意识到人的行为是基于内心的想法时，他在人际互动中就会有一种主动性，因为他更容易理解对方的行为，而不只是认为对方的行为是完全针对自己的，甚至引导对方意识到这点，那么他与人的互动就会更加高效和顺利。

3. 理解他人的能力影响孩子的行为

孩子懂得理解他人是一个不断发展的过程，随着这个能力的不断提高，孩子在很多方面都会展现出不同的行为。

(1)3~5岁的孩子：

孩子有能力预测他最亲密的小伙伴会在不同的情境下怎么行动。发展心理学家发现孩子3岁以后在与其他孩子玩耍时，平行玩耍开始发展为合作玩耍，就是不再只是各自玩自己的玩具或游戏，而是更多地一起玩"过家家"这种需要合作的游戏。合作玩耍就要求孩子更多地互动、分享，孩子们需要一起创造新的游戏，于是他们开始发展重要的社交技能，比如，对他人的话语做出恰当的回应。

（2）5~6岁的孩子：

孩子能够更多地意识到同伴表现出来的行为一致性，也就是能从这个人以前的行为去预测他以后的行为。在一项研究里，研究员告诉孩子，大象只喜欢喝可乐，但是调皮的猴子把牛奶掺到可乐瓶里给大象，大象并不知情，大象拿到这瓶装有牛奶的"可乐"时会怎么想？研究发现，4岁的孩子虽然知道大象不知道可乐瓶里装的是什么，但他们大部分都认为大象会不高兴。而5岁以后的孩子则能明白，大象因为喜欢可乐，而且不知道瓶子里装的其实是牛奶这个事实，所以会表现出高兴。也就是说，只有到了5岁，孩子才能根据他人的信念去预测他人的情绪和行为。

（3）6~8岁的孩子：

这个年龄段的孩子总是用他人的外在行为去理解和比较他人，而到孩子9岁以后就会更多地从心理维度去比较他人。如果你问一个很小的孩子如何评价或介绍他认识的一个人，他可能会这样说："她是我们班上画画最好的"。这说明孩子是从他人的外在行为表现理解他人。这类行为比较的使用常见于6~8岁的孩子之间。9岁后的孩子对这种行为比较的使用率会下降，这时，孩子说到一个认识的人时就会这样说："她很善良。"这时孩子已经开始从他人的内在心理理解他人了。

（4）12~16岁的孩子：

这个年龄段绝大多数的青少年都能在明确的心理维度上比较他们的同伴，比如他们会这样说："他心更好，他更善良。"

（5）14~16岁的孩子：

这个年龄阶段的青少年，不仅知道用性格倾向的相似性和差异性来刻画他们熟悉的人，而且开始认识到许多环境因素能使一个人表现出与自己性格不相符的行为。他们此时将人看作是由不同人格特质组合而成的独特个体，能分析个人多样性和表现出的不一致的特质是怎样结合在一起的。因此，从青少年中期到成年前期，他们正在逐渐长成有经验的人格理论家，变得很精于注意到其熟悉的同伴的内心想法和外部行为，从而能够理解他们做一件事的真正动机。

三、理解他人的能力影响孩子对朋友的理解

既然孩子对于他人的理解是由外而内的，那么对于不同年龄段的孩子来说，朋友的意义也就不同。

对学前儿童来说，他们如何定义好朋友呢？在日常生活中，这个阶段的孩子常常是今天回来跟妈妈说"我认识了一个好朋友"，到明天孩子又说"她不是我的好朋友了"。这个时候孩子只是从他人的外在行为去理解他人，所以"只要是能跟我在一起玩得好的人"就会被孩子当成好朋友。

到了小学以后，孩子开始更多地关注他人的内心，这个时候孩子对朋友的定义里除了要能共同活动，还要他能发自内心地对我好。但这个时候孩子的朋友还是很不固定的。

到了8~10岁这个阶段，孩子对于心理特质的使用在迅速地增加，所以对于他们来说，共同活动已经不再是成为朋友的充足条件，他还会希望朋友要满足相互信任、互惠、彼此关心、情感交流等要求。

到了青春期，这个时候孩子就会更注重以内在的心理相似来定义朋友。跟小时候相比，他对朋友的界定更加严格，友谊关系也更加持久了。只有彼此喜欢、彼此信任、相互帮助，而且有亲密的思想和感情上的交流，才会被青春期的孩子认为是自己的朋友。

本节关键点

如何看待孩子学会撒谎？孩子说谎是不是就代表孩子学坏了？我们只从成人的道德标准看待孩子行为是不全面的，要从孩子成长规律的多个角度理解孩子的行为。从道德发展的角度来看，我们要告诉孩子撒谎这种行为是不对的（详见第三章），但是从理解他人的角度来看，我们则要多注意孩子正在努力学习如何站在他人的角度来思考问题，就是主动去预测他人内心的感受、动机、意图、观点等。这正是孩子提高社交能力和长大成人的基础。

第二章

我们不是童年的奴隶

童年是漫长人生的启程。虽然童年只有短短几年时间,但人们总不禁思考童年对成长的影响。有一个很流行的观点是"童年决定人生"。如果是这样,难道我们是童年的奴隶?人生其他阶段就没有自己的使命吗?

第一节　弗洛伊德对童年的理解

即使一切可能的科学问题都已得到解答,人生问题也还完全未被触及。

——维特根斯坦

提到如何理解童年,就必须要说到西格蒙德·弗洛伊德。

一、弗洛伊德认为人格在童年形成

1. 弗洛伊德的创造性和影响力

"精神分析使有文化的父母惊恐不安,生怕无意中伤害了孩子。

如果他们亲吻孩子,可能产生俄狄浦斯情结;如果不亲吻,可能引起孩子的忌妒。如果他们命令孩子做什么事情,可能产生犯罪意识;如果不命令,孩子又会养成父母认为不良的习惯。当他们看见幼儿吮吸大拇指时,他们会做出各种可怕的论断,但他们又不知怎样去阻止这种行为。素来颇有权威的父母变得胆怯、不安并充满着良心上的疑惑。古老而纯朴的欢乐消失了。"

这是将近 100 年前,英国著名学者罗素对当时亲子关系变化的描写。而父母这样的惊恐不安源自那个时代横空出世的一个理论,就是弗洛伊德的精神分析理论。

虽然 1900 年弗洛伊德写的第一本书《梦的解析》并没有引起多少人的注意,但他的追随者在不断增加。到 1920 年,弗洛伊德先后有 200 多本关于精神分析的书籍出版,很多杂志也刊登了他的专题文章。

没有人能否认弗洛伊德的创造力。他的理论为人们提供了一个崭新的看待自己的视角。人们第一次发现可以这样详细系统地解释自己的内心和行为,就像他所说的"把你的眼光向内转,看看你自己的内心深处,先学习了解自己"。

后来,他的理论慢慢进入人们用于理解日常生活的种种行为中。当你用"潜意识"解释人的行为,比如"你之所以会迟到是因为你潜意识里不知道该如何面对对方",你就在使用弗洛伊德的理论;当你用本我、自我、超我来形容人的内心活动,比如"你就是因为心里的超我太强大了,才会总是压抑自己",你就在使用弗洛伊德的理论;当你像前面提到的父母那样担心孩子吃手是因为口唇期没有很好地度过的时候,你就在使用弗洛伊德的理论;当你说到性欲对行为的影响时,你就在使用弗洛伊德的理论。

2. 弗洛伊德理论强调童年对人格的决定作用

如果说哥白尼打碎了人们自以为居住在宇宙中心的骄傲，达尔文挑战了人们自以为是天选之子的骄傲，那么弗洛伊德就再一次击破了人们自以为可以掌控自己的骄傲。弗洛伊德的理论告诉我们，我们其实无法解释和决定自己大部分的行为。

弗洛伊德构建的人格理论还得出一个结论：到了五岁，孩子的人格和内心就已定形；人格一旦形成，人的行为和内心就被决定了。

"人生是由童年决定的"这个结论就是为什么他的理论会激起父母强烈的惊恐和焦虑的原因。本杰明·斯波克博士那本影响美国几代人教育孩子方式的《斯波克育儿经》就是基于弗洛伊德的理论写成的。

不过，弗洛伊德的理论发展到今天，在电影、小说、媒体报道上我们可能还经常看到基于弗洛伊德理论对人生、童年的解释，但在学术界已经有了更新、更科学的理论来解释孩子的行为和心理发展。

它们告诉我们，人的发展是一个复杂的过程，是各种因素共同影响的结果。

二、为什么弗洛伊德认为童年决定人生和人格

1. 无法满足的自私欲望被藏进潜意识

让我们先看一个真实案例。

有一天，凯特教授接到他姐姐打来的电话。姐姐告诉他，他的外甥参加了一个男童合唱团。接完电话，凯特教授有种莫名的不开心萦绕心头。这种不开心的感觉一直挥之不去，直到有一天他想起一

个很久都不曾记起的人。原来,凯特教授小时候也曾参加过外甥参加的这个男童合唱团,他想起的这个人是当时合唱团的管理人员,叫法墨。随着这个人名一起浮现在凯特教授回忆里的还有法墨曾对他的性骚扰行为。凯特教授决定对这件事采取行动。他先是雇了一名私家侦探,在私家侦探的帮助下找到了合唱团当时的管理者。从与这名管理者的交流中,凯特教授了解到法墨后来因为与合唱团里的小男孩"关系过于亲密"而被解雇。那么很显然还有其他成员也受到了来自法墨的性骚扰。于是,凯特教授设法联系上当时合唱团的部分成员,以及合唱团当时的护士,从他们那里得到了法墨进行性骚扰的确凿证据。后来,他甚至还找到了现在的法墨本人并与他通了电话,法墨也承认了自己的罪行。最后,凯特教授将这个男童合唱团的管理层告上法院,要求他们对自己的精神损失进行赔偿,承认他们对孩子们所受到的伤害负有责任,并会对孩子们采取保护措施防止这种行为的再次发生。案子经过一年的审理,他胜诉了。

在这个案例中,凯特教授为什么一开始会因为姐姐的电话感觉不开心却又找不到原因?用弗洛伊德的理论解释,那是因为他小时候被性骚扰的事实给他造成太大的痛苦,面对这种痛苦他无能为力,于是他的本能就把这个回忆从意识转移到他的潜意识中,用弗洛伊德的术语表述就是"压抑"到潜意识中。潜意识,即我们意识所不及之处。这样凯特教授就能通过忘掉这些事情及其带来的痛苦从而继续正常的生活。这同时也是我们内心面对现实的处理机制:当我们无法面对和处理现实中发生的事情时,我们就会把关于这些事情的回忆放到潜意识中。可以说在弗洛伊德的理论中,我们的内心像一座漂浮在水中的冰山,我们能感知能控制的只有露在水面之上的很小一部分,而水面之下的部分是我们无法意识无法把握且无法做主的。我们控制不了它，但它会以我们意识不到的方式反过来控制我们的所思所想、所做所为、所感所梦。所以，我们的每一个想法、每一个感受、每一个行为都不是偶然的，都是我们的潜意识在指挥，只不过我们自己意识不到而已。

潜意识这个概念其实并非弗洛伊德首创，但是他将这个概念发扬光大。同时，弗洛伊德想让人们相信，潜意识里充满了我们无法被满足的欲望以及我们在现实中无法满足这些欲望的无能为力。

2. 天生的本能是成长的推动力

为什么弗洛伊德会这样看待潜意识？

这就要说到他的理论基石：本能。弗洛伊德假定，人不仅带着自私的本能出生，靠本能推动而成长，而且还无法感知到大部分的本能，只能任凭本能暗中控制我们，也就是说本能的大部分都隐藏在潜意识中。他还提出，性本能是本能的最主要构成因素。人来到这个世界最初的行为就是由本能赋予的：满意就笑，不满意就哭，直到得到自己想要的东西。本能想要的就是满足自己。随着年龄的增长，周围的人不再可能完全满足孩子的欲望，为了适应这种新情况，孩子的内心就从本能中分化出一些力量来处理先天欲望和外界约束之间的冲突，比如学会等待。再之后，为了适应现实，孩子还要学会评判自己的行为，于是本能又分出一部分力量来内化外界的规定。至此，人的内心形成三足鼎立。弗洛伊德给它们分别取名为本我、超我、自我。它们就构成了影响人行为的人格。从根本来说，源自本能的本我是人格其他两个构成要素的力量来源，所以，本能是人格的源头和主要部分。

三、人生由童年决定吗

1. 童年的回忆不一定可靠

我们的内心是否真的如弗洛伊德理论描绘的那样呢？让我们来看另一个与潜意识有关的真实案例。

一位年轻女孩因患贪食症而接受心理治疗。她的一位咨询师告诉她，几乎所有患贪食症的女性都曾在童年有过被性骚扰的经历。后来，在注射了催眠药物后，这位女孩回忆起自己确实曾在小时候被性骚扰过。在咨询师的诱导下，她还回忆起经常强暴自己的就是自己的爸爸。咨询师告诉她，给她注射的催眠药物是一种"能使人吐露实情的麻醉药"，所以她的这些回忆一定是真实的。于是，这位女孩将这些回忆事件公布于众。她的爸爸因此失去了工作、家庭和名誉，但他一直坚称自己没有做过这样的事情，并把女儿的咨询师告上法院。在案件审理过程中，法官请来记忆专家、精神病学者、心理学家、催眠专家参与分析。这些专家认为这位女孩的回忆是在咨询师的不良诱导和药物的作用下产生的，这样的回忆已经被严重扭曲，是不可靠和不值得信任的。最后根据这些专业建议和分析，法院判决女孩的爸爸胜诉。

这位女孩看起来也跟上面的凯特教授一样，从自己的潜意识中恢复了对童年的回忆，为什么它们没有得到支持呢？因为出现这样的回忆还有一个原因，就是记忆的扭曲和虚构。

有一个经典的关于回忆的实验。

实验者事先跟一位小伙子的舅舅商量好，让舅舅绘声绘色地给小伙子讲一个虚构出来的故事："你五岁的时候跟妈妈去商场，但中间妈妈突然发现你不见了。我们赶紧到处找你。等我们找到你的时候，你被一个人牵着手站在商场门口。"这件事明明是现在才虚构出来的，但这个小伙子在几天以后居然认为自己回忆起来这件事了，而且还记得很多细节"我记得那个人当时穿着法兰绒衬衣"。

在另外一个实验中，实验者让几个3~6岁的孩子和一个男人分别坐在桌子的两边，他们一起玩耍了五分钟。在这个过程中，这个男人一直没有触碰过这些孩子。四年之后，实验者对这些孩子进行了访谈。他们想营造一种指控的氛围，所以他们先告诉这些孩子，他们会被问到在生命中非常重要的一件事。然后，他们给了孩子们一些暗示，并告诉孩子们："你是不是害怕说出来？只要你说出来，就会感觉好多了。"结果，有三分之一的孩子被暗示所诱导。

看来，我们回忆起来的童年并非一定是事实本身。如果仅凭这些回忆起来的不完全可靠的童年碎片，我们又如何来判断童年对人生的影响呢？

当代认知心理学家、记忆专家对人的回忆、潜意识进行了大量的研究。研究表明，人的记忆和潜意识是复杂无比的系统。人类大脑的工作目标是保护我们以及帮助我们适应环境从而生存下去，所以我们的记忆和潜意识有着自己的工作方法，有时会出现记忆的扭曲和虚构，并不是像照相机一样忠实反映外界现实。同时，我们的潜意识跟意识一样都是大脑处理信息的方式，只不过各自承担的任务不一样。比如，我们在走路时是不需要意识去指挥所需要的肌肉，而是由潜意识默默地承担了这个重要而复杂的任务，以便让意识能思考我们走路的目的地以及观察周围的环境。所以，潜意识并不是像弗洛伊德构想的那样是非理性的，大部分时间里它只是默默地、平和地、理性地完成着自己的工作。再比如，为什么你在街上看到陌生人出现意外时，往往会本能地想要伸出援手？为什么很多救人的英雄事后说当时自己想都没想就会行动？这些也是藏在我们潜意识里的本能，但它们是积极的、利他的。

2. 悲惨的童年并不等于悲催的人生

弗洛伊德认为，人的内心由本能，尤其是性本能的发展决定，而性本能的发展有几个阶段，分别是口唇期、肛门期、性器期。正是孩子在这几个阶段中处理性本能的方式决定了他成年以后的人格。这几个阶段发生在孩子五岁之前，所以，人的人格也就在五岁前就被决定好了。父母对孩子人格形成有所影响的机会窗口也就在这几年，具体方式就是帮助孩子在每个发展阶段用正确的方法满足自己的性本能。

但是，人生真的是如此简单粗暴地就被生命的头几年这样决定了吗？

我们来看关于两个人的童年故事。

第一位先生出生在一个贫困的家庭。作为家里七个孩子中的老大，他跟母亲的关系非常糟糕。他说："我的家庭很不幸，我的母亲非常可怕。"有一次，他把两只流浪小猫带回家，他的妈妈比较反感小猫，小猫也因此没有存活下来。直到长大成人，他对妈妈的恨意从未得到过一丝一毫的缓解，以至于他拒绝参加妈妈的葬礼。而他的爸爸对他也很冷漠，对家庭也没有多少责任。他就这样孤独地成长，没有爱他的父母，没有亲密的朋友。

第二位先生的童年充满病痛和对哥哥的嫉妒。三岁时，他的弟弟在他旁边的床上死去，他自己也因为身患肺炎差点离开人间。

即使活了下来，他也无法与其他小朋友一起玩耍，因为他患有严重的疾病。但是他的哥哥非常健康，这让他嫉妒、自卑。而且，他妈妈因为更小孩子的到来而不再疼爱他。他也没有一个所谓幸福的童年。

他们这样的童年是否决定他们的内心就会变得扭曲阴暗？

第一位先生是人本主义的创始人和代表亚伯拉罕·马斯洛。童年的经历虽然让他自卑，但并没有决定他的人生。后来他找到了心爱的伴侣，为自己孩子的出生而感动震撼。在第二次世界大战过程中，亲历战争残酷的他下决心致力于找到实现人类内心美好天性的心理学。最终，他获得了巨大的成功、荣誉和成就感。

第二位先生也是人本主义心理学的先驱和重要人物阿尔弗雷多·阿德勒。他的"起跑线"非常糟糕，学校老师都认为他不可能成才，甚至建议他的爸爸让他去给鞋匠当学徒，但他勤奋努力，强迫自己去参加游戏和比赛，渐渐获得自尊和社会认可。最终他成为一位激励大众战胜自卑追求卓越的伟大心理学家。他比弗洛伊德小14岁，而且他和弗洛伊德都生活在同一地区，两人甚至在同一所大学学医，但他们提出了完全不同的心理理论。

他们都是发展心理学领域的大师，也都是弗洛伊德理论的反对者，他们对弗洛伊德理论的反对中很重要的一点就是，人生不是由童年决定的。他们的人生经历本身也证明了这一点。

3. 孤儿效应

如果说上面的例子只是个例，那我们来看看被称为"孤儿效应"的现象。有研究者在一个研究中发现，在几百名杰出人物中，有三分之一到二分之一的人在23岁之前都失去了父母双方中的其中一人。

这种现象就被称为"孤儿效应"。还有研究者在研究了400位20世纪杰出创造者的人物传记后发现,其中85%的人来自问题家庭。他们的父母行为怪异,有精神病或是心理障碍患者。

如果悲惨的童年注定悲惨的人生,我们又如何解释这样的现象呢?

所以,童年的创伤不一定能成就一个人,也不一定就能摧毁一个人。童年的创伤可能会让一个人人格扭曲,却也可能让一个人发展出更有弹性的人格,拥有更不寻常的人生。

所以,童年无法决定人生。

4. 人不是童年的奴隶

无疑,弗洛伊德作为一位思想家是伟大的。一位思想家的伟大并不一定在于他的正确性,而在于他的思想是否有足够的开创性,是否能激发出后来者更多的思想。

虽然作为人类历史上第一个人格理论,弗洛伊德的理论已经经历了提出、影响上升期、鼎盛期、被质疑批判期、让位给新理论的过程,但从他提出自己那惊世骇俗的理论到如今的100多年间,弗洛伊德收获了众多的追随者,也引来了众多的反对者。不管对于追随者还是对于反对者,弗洛伊德的思想都起到了很好的激发作用。追随者以他的理论为基础不断进行修正和创新,比如他的弟子埃里克森提出的广受好评的社会心理理论,被很多心理学家用来解释人一生的发展阶段,丰富了我们对人生历程的认识(详见青春期的作用)。而对于反对者,纠正弗洛伊德思想的错误也成为他们理论的出发点。其实很多著名的心理学家早期都是弗洛伊德理论的追随者,比如被弗洛伊德称为叛徒的荣格、阿德勒,还有人本主义最重要的代表人物马斯洛。但他们后来逐渐发现，弗洛伊德的理论在解释人的发展中存在根本性的问题。

比如，马斯洛的需求理论广为人知。这个需求理论可以说从根本上质疑了弗洛伊德对人性的看法。人的天性里并不是只有吃喝玩乐的简单欲望，还有对精神的追求以及对自我实现的渴望。正是这样的天性让人脱离了动物性，是人成其为人的根本。人，是天生积极向上的；人，是有自由意志的。

从弗洛伊德到当代人本主义心理学，我看到一种进步。这种进步在于人们不再只关注过去，不再悲观无助地看待自己，而是更主动更积极地关注未来，关注自我的力量。影响人发展的不仅有人对过去的理解，还有人对未来的看法。所以人可以发挥自己的自由意志，选择自己的人生，并为自己的选择承担责任。

如果要举一个例子，我会立刻想到成长型思维这个概念。它由著名的斯坦福大学心理学教授德韦克教授提出。所谓成长型思维，就是相信改变，相信人可以依靠自己的力量改变自己。与它相对的就是固定型思维，就是相信人的很多品质和能力都是天生的，或者一经形成就无法改变。这种将人看作是发展的，而不是静止的观念才是当代心理学愿意接受的。而且，实践已经证明成长型思维是有用的，比如它对不自信心理有很好的治疗效果。

所以，如何理解童年对人生的作用呢？童年是人生的起点，必然会对人生有影响，但人生是一个过程，而不是一个结果。既然人是发展的，而不是静止的，那么我们怎么可能就被童年决定了呢？只要我们愿意，在人的一生中我们都能不断改变自己，不断成就新的人生。只要你愿意，你就不会是童年的奴隶，你可以成为自己的主人。

本节关键点

弗洛伊德的一大贡献就是他让世人关注和反思人的童年。他的理论对父母和教育工作者产生了巨大的影响。但是，我们对童年的认识不能停留在弗洛伊德时代。童年的秘密并不只是如何隐藏和压抑自己自私的欲望。随着我们对童年理解的不断深入，我们的人生也不断清晰起来。

第二节 关于关键期

一切理论都应该尽可能简化，但不能超过它所能简化的极限。

——爱因斯坦

这里所说的"关键期"，不是指"三年级是小学的关键期"里的关键期，而是很多父母用来解释孩子行为的概念，比如看到孩子吃手，有的父母就会跟"口唇期"这个"关键期"联系起来。在这些解释里，这样的关键期被认为是孩子在某个年龄阶段必然会经历的阶段，是由先天决定的，孩子如何度过这些关键期决定着之后人生的走向和成就。

令父母焦虑的是，在关键期的解释下，只要父母能"接得住"孩子的每一个"关键期"，就能给孩子最优的教育；相反，如果父母错过了孩子发展的关键期，就会让孩子永远失去了他原本可以拥有的成就。

这种说法其实是对关键期存在较大的误解。这违背了生物生存的最基本原则，就是尽可能适应环境，而不是总让环境来适应自己。

一、为什么会有关键期

孩子成长过程中存在关键期吗？答案无疑是，存在。但是我们若要真正理解关键期到底是什么，就要了解关键期存在的目的。

1. 什么是关键期

100 多年前，动物学家康拉德·洛伦兹发现，灰野鹅在刚出生时第一眼看到体形庞大的正在移动的生物，它们就会跟着它走，这些小家伙会深深"爱"上它，并把它当作妈妈。洛伦兹将这种行为称为印刻行为。不过这种印刻行为在它们出生的一两天后就会消失。对于灰野鹅来说，这一两天就是认识母亲的关键期。人们也从此了解到在生命成长中有关键期的存在。

关键期就是指成长过程中某些特定能力或行为出现的最佳时期。关键期是生物程序先天决定的，也就是说，关键期是在生命体漫长的进化中被写进基因里的"生物发展计划"。因为携带这种基因，灰野鹅不需要经过学习就能在事先设定的时间自动开始执行"认识妈妈、跟随妈妈"这样的行为。

可是，既然这种行为是既定的计划，也就存在着"计划跟不上变化"的风险。如果环境不具备相应的条件，比如当灰野鹅们刚出生之时妈妈不在身边，那么这个计划中的行为就会出错。如果这种出错的概率大到会影响到很多小灰野鹅的生存，灰野鹅的后代繁衍就会遇到大问题。那么，灰野鹅为什么要把认识妈妈这么重要的事情限定在这么有限的时间里？如果小灰野鹅在这两天时间里没有认识妈妈又该怎么办呢？这有点像是在"赌博",而且更奇怪的是,在漫漫岁月中,这样的"赌博"被加在每一只灰野鹅身上,结果居然基本都赌赢了。否则的话,灰野鹅这个物种就可能不复存在了,毕竟没有妈妈的小灰野鹅很难生存下来。

这样一想,我们就不得不佩服大自然的神奇。在关键期的背后一定是有什么因素在为它保驾护航,如此才能保证它一直成为赢家,也才能保证关键期一直存在。

2. 关键期的前提

其实,为关键期保驾护航的也是关键期的重要前提,即关键期所需的环境条件在大自然的运转中基本不会出错。比如,灰野鹅出生时,它们的妈妈基本不会不在它们身边,所以发生意外的可能性非常小。

这样看来,存在关键期的行为要满足两个条件:①这种行为要对物种的生存繁衍至关重要;②关键期所需的自然环境条件基本不会出错。

小动物的关键期都符合这两个条件:

(1)新生的老鼠在出生后的头几天必须体验正常的胡须感触,否则它们的面部触觉敏感性将不正常;

(2)小狗在出生后的头几个月必须有正常的视觉输入,否则它们的视觉将受到破坏;

(3)小猴在出生的头6个月需要不断地与同伴进行交往互动,否则它们的情感将遭到破坏。

为什么关键期只会出现在重要的行为上？因为如果关键期出现

在太多的行为上，这些行为都按既定计划执行，那么反而会限制个体的生存。生物要想生存就要适应环境，如果一个物种的行为特点只适应某一种环境，那么它们适应环境的能力就很弱。所以，除了最基本、最重要的行为，物种其他行为的发生要根据该物种在出生后所处具体的环境做出选择，这样它们才能更加适应环境。比如，植物被预设了在具备阳光、水分、营养充足的情况下就会生根发芽，但没有预设每棵植物会长成什么样，比如生长在热带雨林的植物枝叶茂密，生长在沙漠的植物则把自己的枝叶退化成尽可能小的形状，这样才能更好地适应各自所生活的环境。

在人类的身上也有很多例子。比如，在语言学习上，孩子对人类语音的偏爱和敏感是重要的，但孩子会对何种语音存在敏感性则需要根据其出生后的环境而定，这就让孩子有能力在出生后根据所处环境决定学会哪种语言，从而更适应环境。现实是否如此呢？科学家发现，刚出生半年以内的孩子可以辨别世界上任何一种语言的发音，这是人类天生的能力。但半岁之后，孩子的这种能力就开始丧失，同时他们对母语的发音敏感度提高。知名言语发展专家帕特里夏·库尔教授认为，这是因为孩子的大脑生来就会对所听到的语言进行"统计"，然后根据所得的"统计数据"来调整自己的大脑。到了一定时间，因为所处环境的语音刺激源都是母语，所以那些为非母语服务的神经联结就被"修剪"掉了，而那些为母语服务的神经联结将得以加强，这样，孩子不再拥有轻松学习任何一门语言的能力，而是把所有语言学习能力完全集中在母语上，也尽快地掌握了母语，为以后的生存和发展做准备。

所以，关于关键期，我们至少需要了解以下两点：

（1）在孩子成长中不可能有很多的关键期，关键期不可能存在于太多的行为上，只会在有限的行为存在；

（2）决定关键期发展结果的是生长环境是否正常，而不是需要人为刻意制造某种环境；只要环境正常，关键期行为就会自然发生。

二、说话和阅读都有关键期吗

我们用上面对关键期的理解来比较一下孩子学习说话和学习阅读这两种行为的异同。

1. 学会说话有关键期

每个没有相关缺陷的孩子都可以轻而易举地学会说话。孩子们不需要有人专门教，也不需要认真学，只要生活在正常的母语环境，不需要太长的时间，他们就都能用母语交流，而且每个孩子的交流水平也相差无几。虽然他们根本不懂语法，但他们就是可以无师自通地按母语的语法来建构自己的表达。

著名的语言学家诺姆·乔姆斯基发现，人类后代的大脑先天就拥有"普遍语法"的语言机制，它能使孩子出生后在不懂任何语言的情况下掌握周围人话语里的句法模式，从而学会说话。乔姆斯基的说法得到了研究①的支持：研究发现人类的第一个语言基因FOXP2出现在约20万年以前，和解剖学上现代人出现的时间大致相同。所以，学习语言是人类大脑预设的生物程序，在孩子出生后就自动开启。它让孩子在正常的语言环境中能识别人类的发音，能区分单个发音的区别，能将词语和意思联系起来，能用语法规则将词语组织成句子。孩子依靠这种本能学会说话。人类如果没有

---

① Michael Balter, "First Gene Linked to Speech Identified," *Science* 294（2001）：5540；Michael Balter, "'Speech Gene' Tied to Modern Humans," *Science* 397（2002）：5574.

这种本能,就会像小猫小狗,无论我们对它们说多少话,它们也不可能学会说话。

所以,学会说话这种行为就符合关键期存在的两个条件。一方面,学会跟他人交流对人的生存发展至关重要;另一方面,除非出现极端状况,否则孩子出生后都会生活在母语环境中,不会出现孩子听不到人类声音的情况。所以,学会说话是有关键期的。

关于这点,我们可以从两个真实发生的悲剧中得到证明。一个从小就被父亲虐待的女孩,她在 13 岁被人救出之前,一直被孤零零地囚禁着。她被救出后,有人专门花了很多时间教她语言,但是最后她只学会了一些简单的词汇,始终无法用语法正确表达句子。而另外一个女孩就比她幸运,她在六岁半的时候与有智障问题的哑母逃脱了外祖父的囚禁。这个孩子在六岁半之前也生活在没有语言的环境中。但在她逃出来的一年半之后,这个女孩就掌握了1500~2000 个单词和复杂的语法。所以,科学家推测,在6~12 岁之间,大脑神经对语法的掌握之窗会徐徐关上,这个时期也就是人类语法学习的关键期,过了这段时间,人就无法自主掌握语法。

那么,在第二语言学习中是否也存在语法学习的关键期呢?在一个关于第二语言语法学习关键期的科学研究[①]中,研究人员发现,七岁前到国外生活的孩子在经过十年以英文为第二语言的生活后,他们对英文语法的掌握与那些以英文为母语的人一样好;7~15岁到国外生活的孩子在同样的十年之后,对英文语法的熟练度会随年龄的增大而逐渐下降。根据这个研究我们可以推测,第二语

---

① 约翰·布鲁尔.3岁真的定终身吗[M].王淑娟,译.江苏:南京师范大学出版社,2011.

言的语法学习关键期在青春期结束,但这个推测还有待其他研究的确定。

虽然语言学习中的语法学习有关键期,但在词汇学习方面并没有关键期。就像前面提到的那个从小被虐待的女孩,即使在 13 岁才接触到语言,她也学会了一些单词。正常孩子在正常生活环境中学习词汇的速度很快,在很小的年龄就能掌握足够的词汇用以交流。进入大学后,学生还可以在短时间内掌握大量以前没有学习过的专业词汇。词汇学习没有关键期,只要我们有学习兴趣或学习需要以及学习环境,我们就可以在任何年龄掌握新的词汇、新的用法和专业用语。

2. 学会阅读没有关键期

但是,跟学说话不一样,学习阅读并没有关键期。

阅读虽然对现代社会的人来说是一项非常重要的能力,但对于人的生存来说它并非必需。学会阅读需要我们处在有文字的阅读环境条件下,这种环境并非在大自然里随处可得。所以,学会阅读没有关键期。人类大脑中没有"阅读脑"的存在,没有特定的基因直接负责阅读功能,不经过专门的学习,人就不会阅读。所有人学会阅读都要付出努力,都要调用大脑负责视觉和语言的功能去学习阅读这项技能,没有人可以像学会说话那样学会阅读。反过来,这也就意味着,只要付出努力,不识字的成人也能学会阅读。

三、大脑发展是否存在关键期

关于关键期,还有一个常见的问题就是,大脑发展是否有关键期?

人类大脑里含有近 1000 亿神经细胞,只有当这些神经细胞相互联结起来,大脑才能发挥功能。大脑神经细胞之间连接的部分叫突触。一个神经细胞可能会有成千上万个突触。大脑神经联结越多,突触就越多;突触越多,大脑神经联结也就越多。所以,说到大脑发展的关键期往往就会说到突触发展的关键期。

那么,突触发展是不是有关键期?

1. 突触发展基本由基因决定

因为大脑突触在孩子出生后会经历急剧增加的阶段,过一段时间之后又会急剧减少,大脑突触此时就像是被一把剪刀"修剪"过一样,所以很多人就说这就是大脑发展的关键期,一定要抓住这个突触快速发展的关键期,为孩子的大脑保留尽可能多的突触,从而让孩子的大脑获得最佳的发展。但是我们要证明这是突触发展的关键期,就要证明突触越多,大脑就越聪明能干;而且还要证明突触的"修剪"是可以人为控制的。

但是脑神经科学家并没有找到相关证据。相反,早在 1975 年就有脑神经科学家发现,在有些智能缺陷患者的大脑中,他们大脑突触的密度高于常人。显然,这推翻了突触越多大脑就越聪明的推测。而且在其他一些研究中还发现,有些多余的突触正是导致人患上某些疾病的原因。比如,X 染色体易脆症是仅次于唐氏征最常见的人类智能障碍疾病,会造成人严重的智能及行为问题。在对去世的 X 染色体易脆症患者的解剖中发现,其大脑组织中突触密度高于正常值①。

① 约翰·布鲁尔.3 岁真的定终身吗[M].王淑娟,译.南京:南京师范大学出版社,2011.

虽然只有大脑神经细胞联结在一起才能发挥大脑的功能,但这并不是说,大脑的功能就只是由神经细胞联结的数量,或者说突触的数量来决定。就好比人只有吃饭才能生存,但并不等于说,人吃得越多就越健康或者活得越久。更何况大脑是世界上最复杂、最精妙的东西,它的聪明与否难道真的只是由突触数量这一个简单因素所决定吗?正如神经科学家古德曼·瑞基胥所说:"虽然神经科学家相信,在突触层级上的细胞间交流,可以为行为现象提供最终的解释,但在此同时,没有人会认为在神经发展的任何层面及人体功能表现之间,这两者间存在着一个简单、直线的关系。"

明白这一点很重要,否则我们就容易误解大脑的发展。

那么对于大脑中的突触"增加又减少"的现象,是不是说明这是我们应该抓住的突触发展的关键期呢?目前的脑科学发现,突触这个"增加又减少"的发展规律能被人为因素干预的部分相当少,基本是由基因决定的。

突触的增加和减少都是大脑成熟过程中的必经之路。突触的"修剪"会使孩子的神经处理系统更有效率。

科学家在动物大脑中也发现这样的规律。神经科学家的研究发现,猴子触觉系统的突触密度在其出生后两个月达到最高峰。然后,科学家做了这样一个关于猴子的实验①,他们将一只小猴子的右手从出生到 4 个月大都用手套套住,以让这只右手保持握拳的状态,以保证这只猴子的右手从出生后就不受到触觉的刺激,那么相应地,负责右手触觉的大脑区域也没有受到环境刺激。按照大脑突触的发展是

① 约翰·布鲁尔. 3 岁真的定终身吗[M]. 王淑娟, 译. 南京:南京师范大学出版社, 2011.

由环境刺激影响的假设，如果出生后早期的环境刺激能决定大脑突触发展的话，那么负责这只右手触觉的大脑组织就会因为没有环境刺激而减少触觉突触的形成，从而丧失触觉感应能力。但是这个研究结果表明，等猴子长到 4 个月时手套被解开后，这只右手只是出现了短暂的不灵活状况，但是它很快就能像正常猴子一样灵巧了。所以，至少从触觉系统方面来说，"是环境刺激让突触生成"的观点是错误的。

总的来说，突触在孩子出生后会快速形成是大脑发展的一个正常生理现象，并不是所谓的关键期。

有人可能会说这个实验没有说服力，因为这是对猴子大脑的实验，不是针对人类大脑的实验。是的，不仅这个实验，实际上我们现在知道的关于大脑的大部分知识都来源于对动物的研究而不是对人类的研究。所以，在对大脑发展下结论的时候我们就更要保持谨慎的态度。

2. 谨慎看待大脑发展的关键期

大脑发展的关键期是存在的，但现在科学家只在视觉系统发展等有限的方面发现有关键期。比如，孩子出生后最初几个星期内如果没有生活在正常光线的环境中，那么他就不可能发展出正常的双眼视力了；幼小儿童患白内障、斜视而没有得到及时治疗所造成的影响也是会伴随其终身的；不过对于周边视觉能力方面来说，在幼年时期发生这方面的视觉伤害是可以治愈的，并不会有终身的影响。

很多父母都想知道在提高孩子大脑能力上是否有关键期，目前，除了孩子早期的饮食营养这个影响因素，科学家还没有任何特别的发现。

大脑发育在孕期中期到两岁之间的健康成长需要足够的营养。如果缺少足够的卡路里和蛋白质,大脑就无法正常的发展,导致孩子出现持续的行为和认知缺陷,包括开口说话的时间变晚、精细运动发育迟缓、智商低等。所以,孩子出生后饮食中的营养直接关系到大脑的正常发展,比如铁元素的缺乏与年幼儿童的认知缺陷存在明显的关系。另外,两岁前的孩子还需要从食物中得到大量的脂肪。这些脂肪是大脑这两年急剧发展的髓鞘化过程所必需的元素。两岁后,孩子则应该开始摄入更益于心脏健康的脂肪。

总之,儿童大脑和成人大脑相比,可塑性更强,但是大脑的发展是一个持续终身的过程,并不是生命头几年的专利。人类大脑走过漫长的进化岁月,不可能将自己的发展只托付给生命的头几年。大脑需要做的是不断随环境的变化而发展自己,只有这样才能保证人的生存。所以,不要认为童年一定是大脑发展的关键期。事实上,我们大部分的学习活动都发生在大脑经历过头几年的急剧变化之后,而且,中年时期是很多领域的专业人士真正集大成出成果的年龄。

四、关于关键期我们可以做什么

1. 不要总是用关键期去解释孩子的行为

如果人的行为能被单一的因素所解释和预测,那人就不能被称为复杂的生物。事实上,童年时期的孩子大脑中到底发生了什么样的变化,以致人会从刚出生的状态发展为一个拥有自我意识、道德、信念、能与他人配合及产生情感关系的人?仍然有很多谜团有待揭开。关键期只是影响孩子成长的一个因素,关键期无法单独解释孩子的行为和成长。

有些被称为关键期的行为，实际只是孩子的认知和心理发展某个阶段的特点而已。比如，孩子在 3~5 岁会表现出对秩序的执着，他们如果知道过马路的规矩是"红灯停、绿灯行"，他们就会对红灯亮了还在过马路的行为感到非常不解和反对；他们对于自己的性别刻板印象也会坚定执行，男孩绝不做"女孩的事"。有人称这个时期为秩序关键期，其实从认知发展来看，这些行为跟孩子在这个时期看待事物是非黑即白的二元思维有关系；再从社会化发展来看，这些行为跟孩子在这个时期还很有限的、尚在发展中的理解他人内心动机和意图的能力有关系。于是，他们只会用对和错来进行评判，坚定地维护"对"的、反对"错"的，表现出来就是对秩序的热爱。随着他们认知和心理逐渐发展，这些行为也就慢慢改变了。这并不是关键期的概念。

2. 为孩子提供正常的生活环境

既然关键期是生物程序，依赖正常的自然环境，那么，关键期出现的行为需要的就是正常的环境条件。正常的生活环境才是关键期的条件，才是孩子成长的"最优环境"。作为父母，不要因为有些是实而非的关键期而过于紧张，不要认为你的孩子会成为怎样的人完全是你的责任。父母的这种焦虑对孩子的成长有害而无益。其实，家长们不需要抓紧每一分钟去"教育"孩子，而应该学会欣赏孩子每一日、每一周、每一月的成长，这样的态度正好可以鼓励孩子充分体验每一个发展阶段的乐趣，成就孩子的健康成长。

3. 找到孩子发展过程中的阶段性任务

俗话说,先学走再学跑,如果没学会走,跑起来就会摔倒。孩子的生理发展是像阶梯一样一步一步向前的。那么在孩子的心理发展方面是否也是如此呢?绝大多数发展心理学家给出了肯定的答案。

只不过生理发展是很容易被观察到的,利于总结相关规律,所以没有父母会在孩子三个月的时候焦虑孩子怎么还不会走路,我们知道这只是时间未到而已。而心理发展则很难从外面观察得到和进行总结,所以就会导致父母因此产生焦虑。

所以,我们与其不断地追踪和捕捉孩子发展的关键期,不如找到孩子发展过程中的阶段性任务,因为它们更符合孩子发展的规律——发展不是一蹴而就的,生命给每个阶段任务留有足够的时间,让孩子在反复犯错中不断向前。生命的推动力是错误,而不是关键期。因此,对于孩子的教育来说,重要的是找到方向,而不是找捷径,想一招定乾坤。只要方向不出错,剩下的就交给时间,正如那句教育名言所说:"十年树木,百年树人。"

本节关键点

科学育儿需要我们尊重成长规律。关键期的关键程度是由生物进化决定的,不是从一个人的童年时期就决定的。如果我们过度关注关键期而不尊重孩子真正的发展规律,如同捡了芝麻丢了西瓜,是不值当的事。

第三节　青春期的作用

> 能在一个让人随波逐流的世界始终坚持自我，是人生
> 最了不起的成就。
>
> ——拉尔夫·瓦尔多·爱默生

青春期是孩子出现行为和心理问题的高峰期。让我们来看看一些父母发给我的问题：

"我的孩子目前在读高一下学期，成绩时好时坏，他跟我说：'我不知道为什么要学习，对未来的帮助是什么？你们老生常谈的那些都是废话，什么好的生活好的未来。好的生活又是什么呢？即使去了好的工作单位，还不是人和人要竞争。陶渊明种豆南山下的生活好像也不错。我为什么要读书？'"

"我的孩子13岁，处于叛逆期。晚上写作业时，她跟我说不想参加中考了，要出国。我说即便要出国现在也要好好学习，不能以出国留学来逃避学习。我讲的这些道理她很不爱听，还很生气地告诉我：'请你出去。'"

"我儿子现在16岁了，他的学习和生活都不在状态，给人一种萎靡不振的感觉。他的注意力总是很难集中，学习兴趣和能力都存在问题，他与别人交流也不主动，看不出他有什么想法，总是回答随便。他的自控力差、自觉性差，成绩也不理想。我感到实在没法刺激他觉醒。"

"我的孩子才上初中，我发现她的手机上有很多消极的信息。可

她以前是一个积极向上的孩子,为什么现在会变成这样? 她的学习成绩一落千丈,她好像也无所谓。"

在青春期,孩子的心理发生了什么变化呢? 为什么孩子进入青春期就像变了一个人一样? 青春期的孩子为什么会出现各种问题? 比如萎靡不振、叛逆、早恋、追星、不听话……

要理解青春期,我们需要从青春期在人的一生中的作用来思考,而不是只在青春期时看青春期的问题,要看到青春期表象下的本质。

一、青春期最重要的心理发展任务

1. 青春期的概念并非自古就有

所谓青春期,是指从生理上已经成熟,不需要他人照顾,但同时又没有经济地位,不能靠自己养活自己的时期。

在工业化社会之前,孩子很早就进入成年世界,承担起生存的重担,和成年人一起忙于生计。在古代,无论是东方的中国还是西方的古希腊罗马,人们都认为人生只有童年和成年这两个阶段,而且孩子需要承担成年人责任的年龄比现在要早很多,比如在中世纪的欧洲,平民的孩子过了七岁就要去当学徒。在古代中国称女孩子的 15 岁为及笄之年,就是说这个年纪的女孩子就已经成年,可以嫁人了;而称男孩子的 15 岁为舞象之年,因为此时他们已经可以上战场打仗了。

现在人们熟知的"青少年期"这个概念其实在 100 年前才出现。进入工业化社会后,经济快速发展,同时对劳动力的要求也相应提高,教育的普及使得孩子们在学校的时间延长。发展心理学的奠基人斯坦利·霍尔在 1904 年写了一部影响很大的著作《青少年期:心理状态及其与生理学、人类学、社会学、性、犯罪、宗教和教育的关系》。霍尔在这本书中第一次正式提出，青少年期是人的一生中的一个独特阶段。

在青春期阶段，青少年有足够的体力，但他们不需要工作，也就没有经济来源，他们的时间基本花在与同龄人的相处中。在这个时期，他们不是天真烂漫的儿童，也不是承担生存压力的成年人，他们成了一个独特的群体。

青春期对人的成长起到了什么作用和影响吗？还是它只是一段精力无处发泄、既冲动又敏感、处处表现叛逆的时光？

2. 埃里克森的社会心理发展理论

在对这个问题的回答里，最引人注目的是人格心理学家埃里克·埃里克森的理论。

埃里克森认为人生是由八个阶段中的八种冲突决定的。每个人都要依照顺序经历这不可回避的八种冲突。每解决一个冲突，人就获得一种力量，带着这些力量，人就能不断前进，一个个冲突不断解决下去，直到最终平静地面对死亡。但如果我们在某种冲突上解决得不好，那么后面的冲突就很难解决，除非经过努力把之前的冲突重新进行解决。

其中，青春期作为进入成年前的最后一个成长阶段，要面对的冲突就是同一性与角色混乱之间的冲突，要完成的心理发展任务就是找到稳定的自我，也就是建立自我同一性。

青春期这个发展任务是否能顺利完成要看之前阶段的发展情况，而它的完成又是后面发展阶段不能缺少的基础。在青春期之前，人要依次解决的任务包括建立信任、形成自主性、形成主动性、培养勤奋观。青春期的任务就是要整合前几个阶段的成长结果，同时为之后的亲密感、繁衍感、自我完善感做好准备。所以，我们不能单独地看待青春期，而要把它作为人生的重要组成部分来看待。

按照埃里克森这个理论的解释，人的一生就是这样一个不断积累、不断"升级打怪"的过程。如果一切顺利，人将依次在每个阶段获得希望、意志、毅力、能力、忠诚、爱、关怀、智慧。它们将帮助人建立健康的人格。人的内心也在这个过程中逐渐强大和变得完善。青春期也是这个过程中重要的一环。

3. 自我同一性

既然青春期的最重要心理发展任务是建立自我同一性，那么自我同一性是什么意思呢？自我同一性就是找到关于"我"的稳定清晰的答案，或者说就是认识和接受自己，包括我是谁？我有什么特点？跟其他人相比我有什么不同？我的优点是什么、我的缺点是什么？我喜欢什么、我不喜欢什么？我衡量对错的标准是什么？我想过什么样的人生、我喜欢在什么样的地方生活、我喜欢跟什么人在一起生活等。

如果青少年对这些问题找不到清晰稳定的答案，就是自我同一性混乱的表现，在他们的行为上就体现为：

- 因为没有稳定的自我评价而过于介意别人对自己的评价；
- 因为不确定自己的真实情况而过多关注自己；
- 因为不清楚自己对未来的期待而没有明确的生活方向和行动动力；
- 因为不清楚自己的动机而无法清晰解释自己的行为和为自己的行为负责；
- 因为内心的空虚而总是对别人的观点感到好奇，并且很容易被他人所影响；

  • 因为没有内在确定的价值观和偏好，而在面临选择尤其是在面临重大选择时无所适从；

  • 因为不确定自己想给他人留下什么印象而不断变化自我形象；

  • 因为急于弥补自我混乱的缺陷而过度认同某个偶像或群体。

这些行为表现是否正好可以解释青春期孩子的特点呢？他们的易变、敏感、以自我为中心，正是源于他们对自己的自我还不清晰和稳定。

4. 寻找自我同一性就是寻找自己真正的主人

青春期对自我的探寻既然是这个阶段的核心问题，那么一切都应该要为这个核心让路。父母如果从这个角度看待青春期的孩子，他们的行为就容易被理解了。

为什么有些孩子进入青春期就变得跟以前不一样呢？为什么有些孩子小时候听父母话、学习上努力，到了青春期就变成了父母的敌人，不再在意自己的学习成绩了呢？为什么有些孩子小时候养成的习惯经不起青春期的诱惑呢？

因为这个时期是一个权利更迭的时期。在青春期之前，小孩子还不是自己的"主人"，因为他们的自我还没有真正建立起来。没有自我也就没有自我评价的能力，所以小孩子总希望成为别人眼里的"好孩子"，希望被别人夸奖和认可。为此，他们就会按照别人的要求和标准去做。所以，父母很容易就可以获得掌控孩子行为的权利，这个时候的小孩子很好管束。

但进入青春期后，随着自我的建立和发展，成为自己的主人，夺回自己的权利,就成为孩子的头号目标。他们不再接受被别人管束,要建立自己的评价标准、要按照自己的计划行事。所以,如果孩子之前被要求要听话、勤奋的观念是被父母或其他人"灌输"进去的,那么,这些观念就自然会被这个阶段的孩子厌烦,因为这些象征着"别人让我干什么我就得干什么"。

但是这并不意味着青春期就一定等于叛逆。叛逆是青春期的一种手段,但不是青春期的目的。现代儿童精神病学专家迈克尔拉特博士进行了一项开创性的研究,结果表明,那些与父母有冲突的青少年并非都是因为进入青春期这个原因,有四分之一的孩子在进入青春期之前就已经跟父母不和了。

我们要想让孩子在青春期不叛逆,就需要在孩子小的时候不要过多控制,给孩子足够的自我成长空间,孩子到了青春期时,"权利更迭"就会平稳过渡。孩子没有反抗的对象,那叛逆有什么意义呢? 叛逆是为了夺回自主权,如果没有这个需要,孩子也就不会表现得那么叛逆了。

5. 为什么自我探索的问题会集中发生在青春期?

这要从自我的发展规律说起。

自我是一个让人感到既熟悉又陌生的概念。说起自我,好像说起一位老朋友,我们经常都会说起它,"每个人都有自己的想法嘛""人都是有自尊的""要是自己不愿意当然就不会主动"。但是,它又好像莫名地难以理解,为什么有的人很独立自主,有的人却总是缺少主见? 每个人的自我到底是怎么形成的呢?

人的自我并非天生就有,也并非会随着年龄的增长而自然发展。人们常常对自我的发展有所误解。比如父母常常对孩子说:"你都这么大了，怎么还这么稀里糊涂呢?"这句话的背后就是大人对自我的误解，他们以为"自我"是孩子心中的一个"小人儿"，这个"小人儿"生来就有，会跟孩子的个子一样自然长高长大，然后到了一定年龄就能让孩子学会独立、自主、自控了。

实际上，这个"小人儿"并不存在。自我并不是人生下来就有，也不是自然就形成的。我们可以用做菜作为比喻来描述自我形成的过程和条件。要做成一道菜，最基本的条件是食材准备和烹饪过程。而自我形成的最基本条件也是两个：素材准备和整理过程。<u>自我形成的素材就是在生活中与他人相处的经历和不断成熟的大脑，而整理过程就是自我探索</u>。这两者缺一不可。

比如，一个孩子要在生活中与不同的人相处，其中有的人关心自己，有的人欺骗自己；有的人不计前嫌，有的人斤斤计较；有的人时而靠近自己时而疏远自己，有的人话不投机……在这个过程中，孩子会产生很多感受，形成很多观点。这些观点最后会汇集起来形成重要的人生观：这个世界是一个怎样的世界、什么样的人是好的、我想成为什么样的人。这样从真实的感受、体验中经过整理的价值观和信念才是稳定、清晰、真实而独特的，才能支撑起一个稳定、清晰、真实而独特的自我。

如果孩子的自我发展出现问题，原因很大可能是因为孩子的生活体验不足，或者是孩子欠缺了自我探索。

<u>那为什么这个自我探索的过程要集中发生在青春期呢</u>？

因为<u>对自我探索需要抽象思维能力</u>。在上面的例子中，思考"不同的我"中什么才是"真正的我"，就是一种抽象思维。如果没有抽象思维能力，孩子不会觉得自己的表现有什么不对，也就不会去思考"真正的我"这个问题。而孩子的大脑要在 10~11 岁以后才真正发

展出抽象思维能力。

因为孩子需要时间去积累生活经历和感受。如果你不曾亲自尝过巧克力,只是听人告诉你巧克力很好吃,你能确定自己喜欢吃巧克力吗? 同样地,如果孩子没有足够的亲身感受和经历,他们能确定自己喜欢什么吗? 良好的自我发展只能来自亲身体验和感受,而不能来自他人的观点。所以孩子需要花青春期前面的时间去获得对他人、对社会的亲身感受和经历。

因为在青春期之前,心理发展需要先完成其他任务,包括安全感、独立感、自主感、力量感。它们也是完成自我同一性任务的必备基础。如果这些基础没有打好,自我同一性任务就无法进行。(我将在后面详细说说这几个任务。)

因为青春期是人在成年之前的最后一个发展阶段。在现代社会,成年意味着要在职业、人际关系、社会参与、族群关系、性别取向、道德、政治、宗教等各个方面进行选择,去展开自己的人生。我们做这些选择时就需要搞清楚“自我”。现在的社会和以前的社会相比已经发生了巨大的变化。以前的人们祖祖辈辈都生活在同一个地方,在工作上基本子承父业,婚姻也是媒妁之言,生活并不需要人做多少选择,因而也不太需要人们有明确和清晰的自我认识。所以那时不需要有青春期的自我探索过程也能正常地去生活。但随着社会的进步,人们无论在工作、生活地点还是生活方式上都有越来越多的选择,成年就意味着要选择自己的工作、自己的居住地、自己的伴侣。

所以,在成年前经历一个混乱但有成效的青春期就成为心理发展中的必然。所以,埃里克森提出,人生就是不断获得自我同一性的过程,而青春期更是将自我同一性作为这一阶段发展的根本任务。

二、如何为青春期做准备

根据埃里克森的理论，青春期之前孩子要面对和解决四个基本的心理冲突，它们是孩子们在青春期寻找自我同一性的基础。

1. 第一个冲突：要解决安全感的建立

人生的第一个阶段是从出生到 1 岁。这个阶段孩子最需要解决的问题是，他人和这个世界是否是可以信任和依赖的。获得安全感是青春期的第一个基础，所以在这个阶段父母与孩子建立良好的亲子关系就是在为孩子的青春期打下最深层的基础。

2. 第二个冲突：要解决确立自己是独立的个体

人生的第二个阶段是 1～3 岁。在这个年龄段，孩子不再是之前完全无助的婴儿。在信任感的基础上，孩子开始关注自己不断提高的自主能力。如果在这个阶段，孩子能有机会自己动手展示并且通过自主选择体验到自主意识的力量，他们就会获得一种独立的感觉。这种感觉让孩子渴望自己能掌控周围的环境，这有利于孩子发展出意志力，也就是自主选择和自我约束的决心。相反，如果周围的大人过度控制孩子或者过度保护孩子，孩子没有机会自己自主行动，那么孩子就会怀疑自己的能力。所以，这个阶段的关键影响因素是父母在多大程度上允许孩子表达自己的愿望，以及自己处理自己的事情。如果父母在孩子与其他孩子的相处中总是处处保护或干涉孩子，那么孩子对自己与其他孩子的相处交往能力就会产生怀疑，遇到问题就会寻求父母的帮助，也就不会在社交能力上得到提高。所以，获得独立自主感是青春期的第二个基础。

3. 第三个冲突:要解决主动性的建立

人生的第三个阶段是 3~6 岁。这时孩子会说话、会走会跑了,会做很多事情了,他们最大的变化是总是把"我想做……"挂在嘴边,他们总是不断冒出各种行动的想法。这种想行动的想法就是这个阶段孩子最重要的发展任务。如果父母在这个阶段平衡好跟孩子的关系,一方面充分理解孩子,另一方面友好地约束孩子的行为,让孩子明白什么行为是正确的、什么行为是不正确的,就能让孩子发挥这个阶段主动性的优势,发展出对自己目标的坚持性。否则,可能会导致孩子出现长期的内疚感,失去追求自己目标的勇气。所以,获得主动性就是青春期的第三个基础。

4. 第四个冲突:要解决理解勤奋的意义

人生的第四个阶段是小学阶段,即 6~12 岁。上学对孩子的生活来说是一个根本的变化。身心的发展和环境的变化让孩子开始关注自己行为的意义,而不再只是像小时候那样毫无目的地玩耍。如果在前面的阶段他们获得了信任感、自主感和主动性,他们就会开始关注自己的行为是否会得到来自周围人的良好反馈,同时也关注自己是否能依靠勤奋达到某个目标。在这个阶段,父母要注意给孩子提供有趣、有意义的目标,以及给孩子提供必要的帮助,关注和认可孩子的行为,否则在这个阶段孩子就容易产生自卑感和不胜任感。

上面四个阶段的发展是一种阶梯状的前进形态,每一个阶段都要建立在前面阶段的基础上,如果前面的冲突没有解决好,那么后面阶段的冲突就很难解决。如果孩子在小学前被过度关注、过度照顾、过度保护,错过了建立独立自主和主动性的机会,到上小学后在面对学习的压力时，孩子就会本能地选择逃避、心感无助，表现出来就是不能自觉认真学习。如果父母不能帮助孩子去解决独立自主、主动性的问题，那么学习方面的问题也很难解决。

青春期自我同一性的建立需要这四个阶段的良好基础，即信任感、自主感、主动性，以及勤奋和努力的经历。这些基础如果打得好，孩子能在有足够自控能力的前提下长大，没有被迫接受太多他人的观念和价值观，那孩子进入青春期以后，在寻找和接受自我的过程中产生的焦虑感就不会过于强烈，也就不一定会表现出强烈的叛逆行为。

相反，如果之前的基础没有打好，进入青春期的孩子就会表现得很叛逆，而且很容易在自我认识和自我认同上出现或大或小的问题。比如，孩子要面对学业的压力、同伴的压力、性意识的萌发、对未来的准备、他人对自己的期待等重大问题，并且他还要在过程中梳理和整合包括之前对自我的认识和评价。

那如果信任感、自主感、主动性、勤奋的问题在之前阶段没解决好，到青春期还能补救吗？埃里克森认为人是动态发展的，人总能修复之前的错误，但这意味着要付出更大的代价。如果父母无法帮助孩子，就最好求助于专业人员。

三、如何对待青春期的孩子

1. 给青春期孩子做各种尝试的机会

没有经过亲身体验、犹豫、摇摆、质疑、反思就获得的自我同一性是死板的，甚至是有害的。前面我们说到获得良好自我同一性的方法是整合之前的亲身生活经验，所以如果青春期孩子自己没有经过尝试和选择，而是轻易接受他人的观念，那么就会形成同一性早闭的问题。有的年轻人很早就接受父母或其他人给自己安排的人生规划，比如他应该做什么工作、跟什么样的人结婚等，就形成了跟父母相似的自我同一性，那么他们一方面可能会表现得早熟，对自己的人生充满目标性，有着刻板的价值观念；但另一方面，这样被动的自我同一性会导致他们变得很保守，很难接受社会的新观念和新的生活方式，在面对压力时缺乏灵活性。

青春期孩子可以在日常生活和学习中找到一些机会去尝试和选择，比如不同的穿衣风格、朋友间不同观点的碰撞、对潮流行为的理解等，父母要帮助孩子在这过程中找到属于他的东西，帮助孩子建立起属于他的价值观和信念。这个过程虽然看似浪费，但正所谓磨刀不误砍柴工。如果在这个时期，孩子盲目接受他人的观念，急于进入人生的下一个阶段，那自我同一性的危机可能会在之后的人生阶段重演，比如中年危机就像又一次回到青春期的叛逆。出现中年危机的人会怀疑自己之前所做的人生选择，后悔自己将人生花在追求一些自己并不认可的目标上，或者会感到自己的人生缺乏真实感和丰富感，于是他们开始重新思考和选择人生的目标，甚至改变自己的生活方式。

2. 避免过度控制和过度放手

处于青春期阶段的孩子的父母容易走向两个极端，要不因为担心孩子而过多地干预孩子的生活，要不认为青春期的孩子需要自由而干脆完全放手。这两种做法都是不利于孩子成长的。前者违反了孩子的自然发展规律，后者则是对孩子行为的误解。

当然，避免过度控制和过度放手，说起来容易做起来难。那如何把握这个平衡呢？简单来说我们可以采用一个原则，就是对孩子的要求既不马上拒绝，也不马上同意，而是利用机会跟孩子进行商量，在这个过程中培养孩子思考、计划、选择、考虑后果的能力。

比如，孩子说"我周末要去外地听演唱会"，父母可以先表示理解，可以这样说："这个演唱会是不是很有名？这个歌手是不是很受你们这个年龄孩子的喜欢？他有多受欢迎?"然后继续问孩子："你有具体的计划吗？比如行程、资金及作业安排等。"这些计划中往往有孩子没有考虑到或者没有认真考虑过后果的因素，父母就可以更具体地跟孩子进行讨论，帮助孩子学着更实际地思考和行动。如果有孩子不知道的信息也要告诉孩子，"法律规定你们这个年龄是不能独自登记入住酒店的，所以如果妈妈让你自己去，是违法的"。

这样父母就避免了过度控制和过度放手，利用这个机会让孩子表达自己的愿望，并采取灵活的方法避免发生冲突。

3. 不要将与青春期孩子完全和平相处当成目标

挑战父母的权威、提出自己的观点是青春期孩子很重要的行为目的，他们为了这个目的与父母发生争吵其实是很正常的。从长远来看，这对青少年的成长是有利的。如果有健康的亲子关系作为前提，孩子在青春期与父母产生适度的冲突其实是可以训练他们学习如何跟权威、规则相处，如何通过自我调节来适应环境。而那些在青春期跟父母完全没有冲突的孩子，则失去了这样的机会。研究发现，青少年对"与父母的争吵"的看法与成年人不完全一样，他们将这样的争吵看作是了解父母的一个途径。但是，父母需要注意的是，在争吵中要注意倾听孩子的心声，对孩子合理的要求适度让步，在非原则问题上给孩子一些自由。

最后，用埃里克森的一段话来结束对青春期的讨论：

作为一个成年人就意味着在每件事情上都要以一种连续性的观点来看待自己的生活,不仅包括过去,还包括未来。人们通常根据经济地位、在连续几代人中的位置和社会结构中的身份等来定义自己是谁。成年人能够采用这种方法有选择地一步一步地重新建构他的过去。这似乎是计划好的,确切地说,是我们自己计划了这一切。在这种意义上,我们确实在心理上选择了我们的父母、我们的家族史以及我们的国王、英雄和神的历史。我们使他们为自己所有,我们成为自己的主人,成为自己的创造者。

本节关键点

为什么现代社会会出现青春期这样一个新的成长阶段呢?除了经济的发展,还有一个重要原因,那就是以前的社会不强调人的自我,而现代社会则需要人们发展出更多的自我。

冲动、敏感、叛逆只是青春期的表象,青春期的本质是寻找和建立自我,青春期的作用是帮助人更好地适应新的社会,因为只有找到和接受自我,人才能根据自我的需要进行选择,开始自己的人生。这是人生的一种"内在法则"。青春就是一段人生之路开启前的寻找之旅,这个过程既有迷茫、畏惧,也有兴奋、激动。对父母来说,陪伴孩子度过这段生命之旅也同样会有如此感受。

第 三 章

孩子是社会性动物

如果不考虑社会和文化对孩子的影响,就无法真正理解孩子的成长。社会和文化的影响会烙印在孩子成长中的每一个方面。这一章我们就分别从孩子的天性、性别发展、道德发展里找一找社会和文化对其带来的影响。

第一节　天性在社会中的发展

人生是所有抉择的总和。

——阿尔贝·加缪

刚出生的孩子并不是一张白纸,孩子都是带着天性来到这个世界的。既然这些天性是与生俱来的,那它们还会受到文化和社会这些后天环境的影响吗?

一、内向和外向是先天特点

说到天性,很容易就会让人联想到孩子的性格是内向的还是外向的问题。我们就以内向和外向为例来聊聊天性和社会文化的关系。

首先我们来看看性格的外向和内向是先天形成的还是后天形成的。很多父母以为内向就是不爱讲话、不合群、不会交朋友,属于后天形成的问题。这其实是对内向的误解。

1. 对刺激的反应先天不同

心理学家曾用一个简单的实验来说明内向和外向之间的重要区别。

实验人员取了一根两头都有棉花的棉签,在棉签的中间找个点系上一根线,以便提起这根线的时候,棉签两边能保持平衡。然后开始实验:首先让一个人吞 3 次唾液,再用这根棉签的一头在他的舌头上停留 30 秒后拿开,然后再在他的舌头上滴上 4 滴柠檬汁后让他再吞 3 次唾液,再把棉签的另一头在他的舌头上停留 30 秒拿开。这时,提起棉签中间的线,它的两边还能保持平衡吗?如果棉签的两边保持平衡就说明柠檬汁对这个人的刺激小,他分泌的唾液较少;相反,棉签的两边不平衡说明这个人对柠檬汁刺激的反应更大,他分泌的唾液较多。

现在,请你来猜一下,当被实验者的性格是外向还是内向,棉签更可能保持平衡呢?

答案是外向的人。你猜对了吗?很多人会觉得外向的人表现得更热情、更喜欢热闹,那么柠檬汁的刺激对他们的影响应该更大;而内向的人总是表现得更平静,那么柠檬汁刺激对他们的影响则应该更小。恰恰相反的是,这个经典实验的结果告诉我们,对同一个刺激,外向的人的反应更小。当然,这并不是一个没有例外的规律,但大量研究已经证实该实验结果具有普遍性,内向者对刺激的反应比外向者敏感。

所以,如果一位内向的妈妈恰好有一个外向的孩子,妈妈可能会感到难以理解孩子,因为妈妈不知道,即使身处同样的环境,她感受到的是嘈杂,而孩子则可能觉得周围还不够热闹。那么很自然地,妈妈会想找个更安静的环境待着,而孩子则会想去更热闹的地方。可见,感同身受并不是那么容易的一件事。

请不要误会,并不是因为外向或内向的不同导致人对刺激的反应不一样;而是对刺激的反应不一样导致了内向或外向外在的区别。由于对刺激更敏感,内向者会主动减少暴露在外在刺激中的机会;相反,由于对刺激没那么敏感,外向者会主动增加接受刺激的机会。

那么,为什么人天生会对刺激的反应不一样呢?因为人和人的大脑天生就不一样。

在大脑脑干中有一个部分叫上行网状激活系统(ascending reticular activating system, ARAS),它的作用是控制大脑在什么水平的刺激下开始兴奋活跃起来。因此它被看作是外界刺激进入大脑的门户,外界刺激要经过这个门户才能对大脑起作用。但每个人大脑里的这个门户并非天生一样。内向者的这个门户比外向者天生更开放,也就是会允许更多的刺激对大脑起作用。所以在外界刺激相同的情况下,内向者比外向者会接收到更多的刺激。那么很自然,内向者就会寻找更安静的环境,而外向者就更喜欢热闹的环境。

2. 对积极情绪的追求先天不同

外向者和内向者还有一个很明显的不同,就是对陌生人和陌生环境的反应不一样。一个热,一个冷;一个向前进,一个往后退。内向者不会显得很主动,他们会先停下或往后退观察,再决定下一步的行动,甚至掉头走开;外向的人则更倾向于接近陌生人和环境,比如"他从小会向所有他遇到的人打招呼。他会直视对方的眼睛,向他们微笑,小嘴里不时发出声音,好像是在问好,长大以后他也能很快融入陌生小伙伴的群体中"。

在动物研究的基础上,科学家发现大脑中有两套相对的行为系统:一套是行为启动系统(BAS),另一套是行为抑制系统(BIS)[①]。我们可以把它们理解为大脑中的油门和刹车。有的人行为启动系统更强,有的人则是行为抑制系统更强。对于前者来说,就好像他们的油门比刹车更好用,于是他们显得更主动、更积极,会主动接近人和其他目标。而对于后者来说,就好像他们的刹车比油门更管用,于是他们显得更谨慎和慢热。显然,前者是外向的典型表现,后者则是内向的典型表现。

另外还有一套行为促进系统(BFS)对内向和外向的不同行为表现也有影响。在行为促进系统中,多巴胺起着重要的作用。大家都知道,大脑中分泌多巴胺时,人就会产生渴望,从而急切地行动起来去得到某种回报。所以,这一系统中多巴胺分泌得多的人就会表现得更积极主动。外向者的行为促进系统分泌出更多的多巴胺,这让他们对奖赏、回报更敏感,也就是说外向者更渴望获得快乐。在对成人进行功能性核磁共振成像的研究时,科学家发现人的外向性越高,大脑对积极刺激的反应就越强烈。心理学家认为外向者虽然表现出来的是喜欢社交、喜欢接触新鲜事物,但其实是通过这些行为给自己

---

① WILLIAM D,RICHARD M L. 儿童心理学手册[M]. 林崇德,李其维,董奇,译. 上海:华东师范大学出版社,2015.

带来更多的积极情绪。当然，内向者也会追求开心快乐。但是，跟内向者相比，外向者对积极情绪的渴望更强烈。当想要追逐的目标出现的时候，外向的人就会表现得更主动积极，而内向者更追求平静所带来的惬意感。

总之，外向者更倾向于寻找更多的积极情绪，再加上他们倾向于行动起来，这就形成了外向的行为表现——接近新目标和新环境、喜欢交朋友和跟朋友相处等；而内向者对积极情绪的需求比外向的人少，再加上他们可以更好地抑制自己的欲望和行为，就形成内向的行为表现——不轻易接近陌生人和陌生环境、更喜欢平静的生活，喜欢跟亲密朋友在一起，于是会控制自己朋友的数量等。

3. 如何看待内向和外向

从上面我们可以看出，外向和内向的产生是有生理基础的。外向和内向之间的不同根源于两者对积极情绪的追求、对刺激的反应的不同。他们之间社交倾向的不同其实只是这些生理基础的外在表现。所以，我们不能说内向的人就是不合群或性格孤僻，也不能将内向直接与不合群、不善言辞、不喜欢社交、没有社交能力的表现画等号。

内向的人不像外向的人那样热衷于交朋友、主动积极与朋友相处，只是因为他们对刺激更敏感，因此在社交之外他们更需要一些安静的时间；还因为他们对奖励、回报、积极情绪这些东西没有外向的人那么渴望，所以他们更喜欢有深度的社交。典型的外向者愿意投入"今天天气很好"这样泛泛的寒暄式交流，但典型的内向者对此就没太多兴趣，他们愿意在跟人熟悉以后再聊这样家常的话题。所以，跟外向的人比较起来，内向的人一般来说没有那么多的朋友，花在社交上的时间也不太多。

外向内向是受先天影响的。对这一点我们该如何理解呢？一方面，除非改变大脑结构，内向的人总会以"内向的方式"感受周围世界和其他人。从这个角度来说，想从根本上改变孩子内向的天性是徒劳的。但是，另一方面，先天影响并不等于永远不变，先天因素会在一定范围内发生变化以适应社会和文化环境。后面我们会详细讨论这个问题。

二、孩子的先天差异还有哪些

内向或外向当然不是孩子全部的先天差异。

1. 对天性的传统观点

自古以来，人们就发现人天生就是不一样的。俗话说"龙有九子，子子不同"。但是一直以来却很少有人说清楚人生来到底在什么地方不同，以及这些不同是如何形成的。当然，也有人给出过明确答案。其中最有名的答案来自希腊罗马人。他们相信，人天生会在体液上存在不同，包括黄胆汁、黑胆汁、血液和黏液。这些体液之间的平衡状况可以解释为理性、情感和行为上的不同。比如，儿童的冲动和不理智是因为出生时带有过多的湿气。

这种解释虽然没有事实依据，但它有着深远的影响。在第二章中，我们探讨过弗洛伊德的错误，其中提到弗洛伊德理论的重要基础就是，假定人天生具有的本能是成长的推动力。但弗洛伊德的这一思想其实还是对上面希腊罗马人体液说的"旧瓶装新酒"，只不过是用本能替代了体液。

这种观念甚至成为某些极端分子杀人的理由。他们宣称，人的天生不同说明人生来就有优劣之分。对这种观念的排斥让二战后的人们也开始排斥"孩子天生就不同"的观念，转而去相信刚出生的孩子都是相似的，孩子在成长中表现出来的不同都是后天环境和社会所导致的结果的说法。

2. 当代心理学对气质的研究

了解了这些历史，我们就能理解在 20 世纪 60 年代进行的"纽约追踪研究"（NYLS）为什么会产生巨大反响。这个研究不仅证实了人天生是有不同的，而且找出了这些不同的九个维度。在此之后，对气质，即天性差异的大规模研究也开启了。从临床心理学、脑神经科学到行为遗传学、分子遗传学等很多领域的研究都在这个问题上获得新的研究结果。

这些研究结果告诉我们，除了高矮胖瘦等生理上的先天不同，每个孩子在情绪、活动和注意方面都存在反应性和自我控制的个体差异。所谓反应性就是指，孩子对内在环境（比如肚子疼）和对外在环境（比如光线和噪声等）变化的反应，包括一系列具体反应如害怕、心脏加快和更一般的倾向，如情绪消极等。

在相关研究中，科学家将"纽约追踪研究"得出的气质九维度进一步综合为以下四个维度：

（1）积极情绪和活动水平/外倾性：包括是否经常表现得兴致勃勃，是否容易接近陌生人、是否经常微笑或大笑，长大一点后是否愿意跟人亲近以及相处时是否愿意配合等。

（2）易激惹性/一般的消极情绪性：包括是否经常表现出害怕、悲伤，是否容易被惹得不高兴、容易感到受挫，是否容易被安抚，长大一点后是否经常显得害羞等。

（3）努力控制/任务持久性：包括注意力是否容易被分散、是否表现出自我控制等

（4）宜人性/适应性：包括在陌生环境是否容易适应，以及在陌生环境能适应多长时间等

情绪是天性的核心要素，是一种信息处理系统，不仅告诉我们"这是什么"，而且告诉我们"这对我是好还是坏，也就是它对我有什么意义"。

三、天性无法单独决定人的命运

了解了孩子都是带着自己的天性来到这个世界以后，我们很容易就会想到一个问题：这些天性对孩子的成长会起到什么样的作用呢？

为了讨论这个问题，我想到了一部名为"徒手攀岩"的纪录片。这部纪录片的主角亚历克斯·霍诺尔德，可以说是人群中的一种"异类"，他最喜欢做的事就是在没有保护措施情况下进行徒手攀登。可能所有人都想问一个问题——他为什么选择不惜用生命为代价的徒手攀岩？他为什么如此与众不同？我想用这样一个比较极端的成长故事来讨论，人在成长中的选择是因为先天的天性还是因为后天的因素。

1. 先天差异是推动我们前进的动力

只有那些让一个人的神经系统产生反应的事情才能对这个人造成影响，这叫"有效经验"。但神经系统并非先天都一样，那么天性就会让我们对这个世界有着不同的感受、不同的看法、不同的反应。

天性对我们的影响还不止如此。天性还会以一种间接的方式影响我们，包括会让周围的人喜欢我们或讨厌我们，从而给我们不同的

体验和经历;天性还会影响我们选择和创造什么样的小环境,而这个小环境可以帮助我们也可能阻碍我们发挥自己的优势。这样,先天差异就成为推动我们前进的一种动力。

比如,在上面那部纪录片里,亚历克斯大脑核磁共振的结果出乎人们的意料。那些能让其他人产生恐惧害怕的刺激对亚历克斯来说却没有影响。面对这些刺激,亚历克斯的杏仁体,也就是大脑产生恐惧情绪的中枢,没有像其他人那样活跃起来。这也就是说,在身处绝壁之上时,当其他人因杏仁核万分活跃而被吓得无法行动时,亚历克斯的杏仁核能保持平静,于是他不会像其他人那样被剧烈的情绪影响,依然能专注于攀登。人的杏仁核确实天生并不都是一样的。而亚历克斯也确实有一位沉默寡言、可能患有阿斯伯格综合症的父亲,可能由于先天遗传使亚历克斯天生就没有那么多的恐惧心理,这也可以很好解释为什么他对徒手攀岩这种充满刺激和挑战的极限运动情有独钟。

2. 后天环境放大或缩小先天差异

但是,并非所有跟亚历克斯先天条件相似的孩子都会走上这条路。

亚历克斯的父亲在亚历克斯小的时候花了很多时间培养他攀岩的兴趣。亚历克斯的妈妈是一个完美主义者,她对亚历克斯的成长也有很大影响。父母的影响放大了亚历克斯对攀岩的兴趣和执着。在纪录片里,我们除了看到亚历克斯超出常人的平静,也看到他和常人一样的担心和害怕。但是他在攀岩上投入了大量的时间练习,他愿意为此放弃其他所有。所以亚历克斯并不认为自己的平静和专注完全是天生使然。他说:"我花了 25 年的时间训练自己,以及适应极端的工作条件,大脑自然会不一样。"

显然,亚历克斯不认同自己的人生道路是被先天因素命中注定选择好的。他充分利用自己的天生特点,再加上自己稳定的信念和长期刻苦的后天训练,成就了自己攀岩时的"精神盔甲",从而能在绝境中保持令人惊叹的平静和专注。

没有什么先天注定。如果没有后天的环境,先天因素根本就无法实现。"天生"并不等于"不变"。实际上,天生只意味着一定范围内的可能性,而具体什么可能性将成为现实,在出生时是无法确定的,需要后天现实来决定。用一个比喻就是,一颗杉树的种子不可能生长为一棵橡树,但这颗杉树种子将长成什么样的杉树取决于它的生长环境。先天因素和后天因素是以一种不可分割的方式来共同影响人的发展。

3. 先天差异和后天环境共同决定人的命运

苏格拉底说:"每个人心中的自我才是衡量万物的标尺,塑造命运的不是神明,而是我们自己。"我们自己是由天性和后天努力共同决定的。

当今的心理学不认为有任何一个因素可以单独解释人的行为。比如,当我们发现一个孩子总爱打人的时候,如果只归咎于他的生长环境,认为这个孩子会出现打人的行为就是因为看到他的爸爸总打人而导致的,那我们就忽视了一个可能的重要因素——先天的攻击性基因。有可能这个孩子的爸爸遗传了家族的攻击性基因,同时没有人教会他控制自己的攻击性,就让孩子长期生活在"打人"的生活环境中,同时这个爸爸又把这个基因遗传给这个孩子,再加上其他可能的因素,包括家庭变故、家庭文化背景,孩子的表达能力、身体条件等,共同导致孩子表现出爱打人的行为。

如果孩子的生活中出现一个能让孩子依赖信任的人,并教会他用其他方式表达自己,让他懂得如何与他人良好相处,那么这个孩子打人的行为就会减少,同时孩子对他人的看法和对世界的认识也会改变,从而促使这个孩子的思维模式、行为模式和人格都发生变化。所有的因素都是相互影响、共同作用的。

就像亚历克斯的故事一样,没有人的命运是命中注定的,因为我们有无数选择的机会,人生就是这些选择的总和,而促使我们做出选择的是先天和后天共同决定的因素。

四、因材施教

孩子并非完全由先天差异所决定,这正是教育存在的理由和意义。同时,教育不能无视孩子的先天差异,不能认为适用于一个孩子的教育方法就适用于所有的孩子,我们在教育孩子时要做到因材施教。

因材施教的关键就在于我们要承认孩子的天性,让孩子发挥天性中的优势,同时根据孩子的特点,帮助孩子发展适应环境的能力。具体地来说,我想给父母提出以下建议:

(1)不要把孩子当作一张白纸,不要认为可以按照自己的意愿去塑造孩子。教育孩子要从了解每个孩子的天性开始。

(2)接受孩子的天性,而不是试图"纠正"孩子的天性。让孩子痛苦的不是自己的个性,而是对这种个性的不接受。一个在人群中坦然做自己的内向者,跟一个总试图掩饰自己内向个性、表现得更外向的内向者,你希望自己的孩子成为前者还是后者?

(3)认识到任何一种天性都有长处和短处。比如,天生敏感的孩子需要更多的安全感,但同时有着更好的洞察力、创造力;容易分心的孩子自然不容易专注,但他们有着强烈的好奇心、丰富的想象力;喜欢叛逆的孩子会让大人很头疼,但他们精力充沛、胆大勇敢,有着很好的组织能力。相反,天生注意力集中的孩子在专注力上有着天然的优势,但同时也会导致这些孩子灵活性不足;外向的孩子虽然很容易有好人缘,但他们也很容易冲动。

(4)从发挥孩子的优势开始,而不是从弥补孩子的短板入手。比如,内向者虽然不会向外向者那样容易成为人群的焦点,但内向者的优势是擅长观察和思考、不易冲动、能够共情他人。如果父母能帮助孩子在自信的基础上把这些优势发挥出来,孩子又怎么会不合群?

(5)在孩子对自己的个性有了了解以后,父母还要帮助孩子在适应环境方面找到应对的方法。这里以父母如何帮助天性害羞的孩子来作为一个例子。孩子的羞怯并非都像成人一样,是因为缺乏社交自信或感到社交焦虑,他们往往是因为对外在刺激反应过度。面对这种天性,父母如何引导孩子呢?有的父母在孩子表示不想参加集体活动时,总是表示同意,有的父母则会在理解孩子感受的前提下,鼓励孩子尝试参加。研究发现,前一种做法的孩子在几年后就不再那么害羞,而后一种做法的孩子则没有什么变化。其他研究也发现,对于那些过于管制或保护孩子的父母,他们的孩子往往会是紧张和害羞的。所以,即使孩子天性害羞,只要父母能在给足孩子安全感的前提下轻轻将孩子推向人群,孩子也会逐渐变得没有那么害羞。另外,为了帮助孩子克服害羞,父母还需要帮助孩子获得一些社交技巧,比如将注意力放在他人身上,而不是自己身上,听听对方在分享些什么,在这个过程中努力发现有趣的事情并尽力向对方问一些问题,通过微笑、目光接触等行为来为自己制造积极的形象。

（6）根据孩子的不同个性调整教育方法。比如前面我们提到，大脑中有行为启动系统和行为抑制系统，其中行为启动系统对奖励更敏感，行为抑制系统对惩罚、零奖励、新刺激和害怕情绪更敏感。由于这两个系统在不同孩子身上有先天的不同，外向、积极情感和趋近性高的个体对奖励更敏感，而内向、害怕和恐惧程度高的个体对惩罚更敏感。所以，对于天生叛逆、容易冲动的孩子，父母需要在孩子犯错时守住规则，同时将孩子的精力引导到争取正向反馈的方面，例如让孩子为班级承担某种责任。而对于天生温顺的孩子，父母不要对孩子过于严厉，必要时甚至要放松一些规则，鼓励孩子做出自己的决定，因为这样的孩子很容易因为内疚而抑制自己。

最后，我想提醒家长们，在听到其他父母的"成功育儿经验"的时候，不能想当然地认为这些经验用在自己孩子身上也能得到同样的效果，因为你的孩子跟其他孩子是不一样的。

本节关键点

我们生来就不一样，每个人来到这个世界的时候都不是一张白纸，都带着自己的不同特点。我们虽然遗传了生物特性，但我们并没有遗传命运。著名心理学家马斯洛曾说："如何对待遗传天赋和身体肯定比仅仅依赖生物遗传所给予我们的更为重要。"用一句更直观的话来表达就是：我命由我不由天。

第二节　性别在社会中的发展

脆弱啊,你的名字叫女人。

——莎士比亚

在一个研讨会上,时任哈佛大学校长的经济学家劳伦斯·萨默斯以"为什么在最出名的大学里只有那么少的女性从事科技领域的高端研究"为题发表了演讲。在演讲中他对这个问题的答案是,在哈佛大学,男老师比女老师在科技方面更成功的一个原因是,女性在这方面的能力不如男性。这个带有性别歧视嫌疑的观点引来了巨大的反对声音,最后导致这位哈佛校长不得不辞去职务。

性别差异是个敏感的问题,但这个敏感的问题在教育中是无法回避的问题。男孩和女孩是不是需要不同的教育方法?男女之间的差异是不是都是天生的?男孩喜欢玩"女孩的游戏"该不该被纠正?女孩是不是天生就在科学上不如男孩?男孩喜欢粉色是否正常?

为了回答这些问题,我们得知道男女之间的差异到底有哪些,这些差异是先天形成的还是后天形成的。对此,当代研究性别的科学家进行了很多研究,得到了很多发现。这些发现中有很多与人们根深蒂固的传统刻板观念相去甚远。下面我就从性别差异到底是先天形成还是后天形成的,性别差异到底有哪些,来说说科学家们的发现,并在此基础上给出性别教育的建议。

一、性别差异是先天形成的还是后天形成的

有一个四岁的男孩要在幼儿园的六一儿童节庆祝活动中参加舞蹈节目。上台前，老师要给孩子们都涂上红脸蛋和在眉心点上红色的美人痣，可这个孩子无论如何都不愿意让老师给他涂，显得很委屈的样子。后来他说："我是男孩，涂红脸蛋是女孩的事。"

为什么这么小的孩子就会如此执着于做跟自己生理性别相符的事情？在生活中，我们还会发现在孩子一两岁时就出现了这种现象：很多男孩会喜欢玩"男孩的玩具和游戏"，而很多女孩则喜欢玩"女孩的玩具和游戏"；而且他们都偏爱跟自己性别的同龄人玩。但是与此同时，我们也都知道确实有少数孩子始终不能接受自己的生理性别。

性别对孩子的这些影响到底是天生形成的还是后天形成的？如果认为男孩女孩之间的差异都是天生形成的，那么对男孩女孩确实就需要用不同的教育方法。但性别差异的形成并不是简单一句"男女天生就不一样"可以总结的。性别差异起源于生理上的差异，但不限于生理上的差异。我们都知道，人的生理性别是由染色体决定的。但是，染色体不一定能决定一个人在心理上对自己性别的认同。这是什么意思呢？就是说，大多数人会在心理上接受自己的生理性别，但还是有少数人并不接受自己的生理性别。所以，生理性别是一回事，心理上会不会按自己的生理性别来认同自己的性别又是另一回事。为此，心理学家用了一个概念"性别认同"来说明人在心理上对自己性别的认定，也就是在心理上认为自己是男还是女。性别认同跟生理性别一样，都会影响人的行为和想法。

那么，性别认同又是怎么形成的呢？

1. 性别认同的形成

科学家推测,性别认同在我们出生前就开始了,而且几乎终生不会改变。

人类的胚胎在孕期的第二个月到第四个月,如果是男性基因,就会促使胎儿分泌雄性激素,从而刺激男性生殖系统的生长,同时雌性生殖系统萎缩脱落,胎儿就朝着男性的方向生长;而如果这个阶段没有分泌足够的雄性激素,男性生殖系统就脱落,胎儿就会继续朝着女性的方向生长。这是生理性别的决定。

科学家推测,这个生理性别决定过程发生的同时也发生了大脑对性别的认同。这个推测源于对一些在性别上有生理或遗传异常孩子的研究[1]。

曾经有个案例:有一对同卵生双胞胎中的弟弟,在很小的时候因为生殖器被伤,他的父母就请医生将他所有外显的男性器官都切除,然后把他当作女孩养大。但这个孩子后来说,他从来没有真的像女孩一样喜欢女孩的玩具和衣服,而是喜欢哥哥的玩具。到 10 岁的时候,他怀疑自己并不是女孩。在经过痛苦的内心混乱后,他从 14 岁开始服用雄性激素,并进行了必要的外科手术,让自己成为一名男性,还在 25 岁的时候跟一个女孩结了婚。他对自己的男性身份感到高兴。虽然他一直被当作女孩进行教育,但后天的教育没有改变他的性别认同。

有些孕期妈妈因为生育问题而服用了含有孕激素的药物。它们会在妈妈体内转化为雄性激素,导致胎儿在子宫内被异常高水平的雄性激素所包围。这对基因遗传为男性的胎儿没什么影响,但对于

① David R S. 社会性与人格发展[M]. 陈会昌,译. 北京:人民邮电出版社,2012.

基因遗传为女性的胎儿会造成很大的影响。这些在孕期被异常雄性激素影响的女孩在出生时虽然具备女性的特征，但很可能会有与男孩相似的外部生殖器。虽然她们会接受手术整形，并被当成女孩养大，但她们的个性还是更像男孩，她们喜欢跟男孩玩，更喜欢玩男孩的玩具，倾向选择更具男性特点的职业，在男孩占优势的空间想象能力上也超过大多数女性。在这些例子里，基因赋予了孩子生理性别，但孩子的性别认同却没有完全听从基因的方向，而是被出生前的激素环境所改变。

这样的例子还有不少。它们似乎说明，性别认同在出生前就决定了。但是我们也需要知道这并不是没有例外。

有一个出生于加拿大的男孩，他也是在很小的时候就遭遇生殖器被伤，也是从 7 个月开始被当作女孩来养，但是长大成人后，他却能很好地接受自己的女性身份。

所以我们可以说，性别认同在很大程度上受先天影响，这种影响基本维持终生不变，但后天因素同样也会对性别认同产生相应的影响。

2. 性别认同对孩子的影响

性别认同会影响孩子大脑对周围信息的处理。

在一个研究里，研究人员给年龄分别为几个 5 岁和 6 岁的孩子看了 16 张图片，这些图片中有一半是男孩在玩卡车这样的与性别刻板印象一致的图片，另一半则是女孩在砍木头这样与性别刻板印象不一致的图片。过了一周以后，研究人员问孩子记住了多少张图片的内容。结果非常有意思，对于男孩玩卡车这样的图片，孩子很容易就能回忆起来，但对于女孩砍木头这样的图片，孩子们就可能发生记忆的扭曲,比如他们会说砍木头的是男孩而不是女孩,而且他们对自己的回忆都同样自信。

既然性别认同会影响大脑对信息的处理,那么自然就会影响人的思想和行为。所以,性别认同跟生理性别一样都会影响孩子。生理性别由先天基因决定,而性别认同也深受先天因素的影响,那么,我们是不是可以认为男人和女人的差异就受先天影响呢?

3. 性别角色是社会和文化对性别先入为主的期待

我们来看看著名人类学家玛格丽特·米德的发现。

她在《三个原始部落的性别与气质》一书中记录了自己在新几内亚岛上三个部落社会中的发现。在阿拉佩什部落,男人和女人都善于合作,都具有母性温柔的特点,很少表现出攻击性,对别人的需要很敏感。男人和女人一样,也日夜悉心照料小孩。好斗的人在这个部落不受欢迎,会被人隔离。而在蒙杜古马部落,男人和女人都表现得好斗、凶猛、富有攻击性,他们不喜欢性情温顺、老实憨厚的人,即使是女性,如果表现得母性十足,也会被人嫌弃。他们对别人的情绪反应也不敏感。而在德昌布利部落,男性在情感上有依赖性,对别人敏感,主要钻研舞蹈和绘画,而女性则表现出独立和果断,负责赚钱养家。

为什么这三个部落的男性和女性会有如此大的差异呢?如果男性和女性的不同都是先天决定的,就不会出现这样的差异。除了先天生物特性,男女的不同还深受后天形成的性别角色影响。性别角色反应的是社会对性别的期待。因为社会对性别有期待,所以人们就会在行为上向这样的期待靠近,也就承担起了自己的性别角色。

这种期待甚至从孩子出生前就开始了。当大家知道一个新生命在一位妈妈肚子里孕育时，认识孩子妈妈的人问的第一个问题大多是"男孩还是女孩"。因为人们会根据性别来对待这个孩子和想象这个孩子的未来。如果是男孩，人们会给男孩穿蓝色的衣服，给他们买汽车模型这样的玩具，并夸奖男孩"这个男孩真有劲、真勇敢"；如果是女孩，则会给女孩穿粉色的衣服，买洋娃娃这样的玩具，并夸奖女孩"这个女孩好漂亮、好文静"。当男孩哭哭啼啼或女孩大吼大闹时，人们又可能会说他们"不像个男孩/女孩"。网络上也多是按男女的性别刻板印象来展示，比如，在与科技有关的画面中常常出现的是男性的图像，而在与情感相关的画面中出现的常常是女性的图像。这些信息都在暗示着社会对男女的不同期待。

这种期待影响是比较深的，以至于人们往往意识不到对自己的影响。

研究人员曾把几篇科学论文拿给一些女大学生看，结果发现这些女大学生对论文的评价受到论文作者性别的影响。当研究人员告诉她们论文作者是男性时，这些女大学生对论文的评价较高，而当研究人员把论文的作者名字换成女性时，评价就变得较低。一模一样的论文，仅仅因为作者名字的性别就得到了不同的评价。

4. 性别角色对孩子的影响

性别角色告诉孩子，对他/她的性别来说什么是正当的行为。孩子一旦有了这样的标准，就会根据这个标准来控制自己的行为。一项针对 2~3 岁儿童的研究发现，儿童的性别认同越稳定，就越表现出选择符合自己性别玩具的偏好。另一项针对 4~6 岁孩子的研究发现，同性或异性孩子玩新玩具的录像只对性别恒常性高的儿童产生影响，这些儿童看见异性玩一个新玩具，随后就会拒绝玩这个玩具。

性别角色还会形成一种"自我验证"的效果。比如,在现实中,有更多男孩对数学更有自信,即使他们的成绩低于女孩。可能很多人会认为男性确实在数学方面比女性更有优势。但大规模的研究发现,在大多数数学能力测试中,男性和女性都表现出性别相似。有权威机构曾在 2004 年公布了 8 年级学生在一个标准数学测试中的分数,这个报告的部分数据包括全球 34 个国家的平均数据,在 16 个国家中男生的平均成绩高于女生,在另外 16 个国家中女生的平均成绩高于男生,在另两个国家中男女生的平均成绩相同。在另一个建立在 300 多万人的标准测试分数上的研究中发现,男生和女生的结果几乎相同。

那如何解释男孩的数学好像比女孩好呢?

许多孩子到了 10~11 岁的年龄时,会认为数学、科技主要是男孩子的事。我们在前面说到,进入青春期的孩子将面临的最重要任务是自我同一性。性别角色认识、性别刻板印象将作为自我同一性的重要组成部分融入孩子对自己的认识,而自我同一性的特点会让孩子更多地接受和投入与自我概念一致的活动。于是,男孩花在数学、科技上的时间更多,在这些方面的能力也就越高。相反,女孩会减少在数学、科技上的时间,自然也就得不到在这些方面的能力提高。这就是"自我验证"。性别角色通过这种心理作用影响了我们。

性别角色对孩子的影响从很小就开始了。像社会对孩子的期待那样,2~4 岁的孩子,有些父母会根据行为特质区分男孩和女孩,把强壮这样的词用在男孩身上,把胆小这样的词用在女孩身上。到 4~5 岁的时候,孩子的性别刻板印象出现,并在童年时期稳定增长,正如开头那个四岁小男孩的表现一样,直到开始上学之后,孩子的性别刻板印象才会有所缓和。但随着年龄增长，性别刻板印象最终会形成。所以，性别差异既受先天因素影响，又受后天因素影响。

二、真实的男女差异

上面我们讨论了男女差异是先天形成的还是后天形成的，接下来我们来讨论另一个重要问题，即真实的男女差异到底是怎样的？除了上面提到的男孩女孩在数学学习的差异外，那些社会角色和刻板性别印象中的男女差异到底有多少是真的？

在现实生活中，人们愿意相信男女之间有很大不同，但是对男女差异的科学研究得出的结论恰恰相反。与男女差异相关的研究其实非常多，这些研究得出的结论是，男女在心理特质上的差异并不多，或者差异非常小，两性的相似性大于相异性。

1. 男女的差异

我们先来看看在研究中发现的男女最有差异性的领域。

（1）攻击性：男孩比女孩更具有身体攻击性，而且这种性别差异从孩子很小的时候就开始了。不过值得注意的是，女孩也有攻击行为，只不过更多在于社会或关系攻击，就是意图破坏他人友谊或社会地位的行为。

（2）空间能力：这种理解、感知、使用图形和形状的心理能力是在男女认知能力中最大的性别差异，尤其是空间旋转能力（就是快速、准确地旋转二维或三维物体的心理能力）。男性的这种优势在四岁之前就出现了，而且保持一生。不过，也有研究发现，空间旋转能力的性别差异只存在于那些与典型男性职业相关的领域，比如战斗机驾驶。而在与典型女性职业相关的空间旋转能力上，比如家居装饰，这种性别差异就消失了。另外，在空间旋转能力对生存至关重要的环境里，如在爱斯基摩人中，这种性别差异就会消失，甚至会颠倒过来。而且，在试图找到空间旋转能力性别差异的原因时，科学家发现很有意思的现象——如果男性的雄性激素水平较低，他们在空间旋转活动中的表现就会更好；而如果女性的雄性激素水平较高，她们在空间旋转活动中的表现就会更好。

（3）语言能力：女孩在童年早期学习语言时比男性略有优势，在两岁之前女孩掌握的词汇比男孩多，但三岁以后，这些性别差异就消失了，六岁时男孩就可以赶上女孩。在语言任务中，女性的平均表现与男性相比，差异性不大，但女性表现得更稳定。

• 害怕、胆怯和冒险：从出生后的第一年开始，在不确定的情境中，女孩就比男孩表现出更多的恐惧和胆怯。男性比女性更喜欢冒险。

• 自尊：儿童之间的自尊性别差异很小，随着年龄的增长，性别差异变大，男孩体验的自尊程度高于女孩，到青春期的后期，这种差异达到顶峰。但是到了成年期，这种差异开始减少，到了老年期，男女的自尊程度就又相同了。

• 主观幸福感和自我评价：女性比男性体验到更低的主观幸福感。从青少年开始，女孩就比男孩更容易表现出抑郁症状。在青春期，女孩的抑郁发生率是男孩的 2~3 倍。抑郁体验在 18~44 岁之间的性别差异最大。44 岁以后，两性在抑郁体验上逐渐接近。

• 情绪体验的频率和强度：女性都高于男性，但是在自豪情绪的体验上并没有发现性别差异。女性比男性更擅长表达和情绪理解。

上面是两性之间的差异，但是有一点必须强调，男女两性之间的差异是一种群体效应，不能直接放到某一个具体的男性或女性身上。比如，男性的攻击性比女性强，这并不意味着随便找一位男性和一位女性，这位男性就比这位女性有更强的攻击性。

2. 男女的相似

除了发现男性与女性的差异外，研究人员在研究中发现得更多的是男性与女性相似的领域，比如：

- 大脑偏侧性：男性和女性都表现出强烈的大脑偏侧性，大部分活动都由左脑完成。
- 合群性：女性略高于男性，差异很小。
- 信任：男性和女性差不多。
- 秩序：女性稍高于男性。
- 冲动性：男性和女性几乎等同。
- 焦虑水平：女性比男性略高。
- 亲社会行为：儿童在这方面并没有稳定的性别差异。
- 道德水平：没有发现性别差异。
- 共情能力：女性在评价自己时表现出的共情远超男性，即女性对自己的评价是，更富有同情心，更善于照顾他人，但从生理学或非干扰观察的结果来看，情况并非如此。在以引发移情为目的的实验中发现，男性对别人的不幸表现出来的面部痛苦、关注及生理唤醒与女性一样，而且在自然情境下，人们发现男性对宠物和长辈表现出来的关心和爱与女性一样多。在传统教育的家庭中，学龄前女孩比男孩对婴儿表现出更大的兴趣，但在非传统教育家庭中长大的男孩对婴儿表现出很大的兴趣。所以，女性认为自己共情能力强很可能是刻板印象造成了个体的自我知觉偏差。

● 记忆：男性和女性在自己熟悉和擅长的领域有更准确的记忆。

● 健谈：性别刻板印象是女性更健谈，但研究发现，在小学教室、大学教室和大学生的谈话中，男性比女性更健谈。说闲话的不光是女性，只不过这么做的男性爱把它说成是"交流信息"或"结交网络"。只有当女性在场的时候，男性说闲话的时间才比女性少，这时更高级的话题会占总讨论时间的 15%～20%。男女的唯一区别在于，男性会用三分之二的时间谈自己（"我敢打赌，我钓到的那条鱼足足有 20 斤重"），而女性只有三分之一的时间在谈自己，她们对别人更感兴趣（"我敢打赌，上次我见到她的时候，她足足胖了 20 斤"）。

● 智力：不存在全面的性别差异。

上面只是罗列了关于男女性别差异研究中的一部分内容。这些研究与大众的性别刻板印象相差甚远。当今大多数发展心理学家认为男女差异并不像性别刻板印象那么大。

为什么性别刻板印象会跟研究结果有如此大的不同呢？可能因为人们有一个倾向，总是能记住证明自己观点的证据，而有意无意地忽视、反驳自己观点的证据。比如我们看到一个女人关心陌生人，符合女人比男人更心软的刻板印象，就强化了自己的观点；而看到一个女人残忍地对待他人，不符合刻板印象，就会认为这只是个别现象。

最容易被忽略的一个事实是，男人和男人之间、女人和女人之间其实有着非常大的不同，两性之间的差异并不比同性之间的差异更大。但是，人们会更愿意关注两性之间的差异。而且，常常被人们忽略的地方是人的大脑会在使用中发生结构的变化，从而影响之后的表现。就像前面提到的，数学能力好的男生比数学能力好的女生在学数学上花费的时间更多，这会不会影响他之后的数学能力呢？其实，大多数性别差异并不存在生物必然性，天生的差异性确实存在，但并不大，只是这一点还没有被大众所认识。所以，当我们知道开头提到的那位哈佛校长是一位经济学家，而不是心理学家或社会学家，也就不为此感到奇怪了。

三、性别教育

前面我们讨论性别差异以及性别差异的形成，是为了做好孩子的性别教育。性别教育和其他方面的教育一样，目标都是为了充分发挥孩子的潜能，而传统的性别刻板印象用先入为主的观念束缚了孩子的潜力和个性，不管是对男孩还是对女孩，都是不公平的。

男性女性，是生理上的概念；男人女人，其实是心理和社会上的概念。在说到孩子的性别教育时，我们更多指的是后者。在性别教育上我们应该注意以下几个方面：

（1）不要先用性别来区别看待一个孩子，而要先把这个孩子看成一个人。不要让狭隘的性别角色影响孩子生命的发展；不要只用性别来判定孩子的能力，生理性别对能力的影响并非如传统的观念那样。相比于成为什么样的男人和女人，更重要的是他们能否成为自己想成为的人，做自己想做的事。在以前，社会生产力低，性别之间的体力差别显得很重要，但在现在和未来，体力显然早已不是区分劳动力的因素。

（2）在孩子成长过程中注意孩子的性别角色学习过程。父母在家庭中的分工不要过于由性别决定，孩子应该看到爸爸也能洗衣、做饭，妈妈也能赚钱养家，这样才能让孩子更开放地看待自己的性别角色，也能更好地调动孩子的潜能，而不是被性别所束缚。

（3）孩子小时候做什么与他们的性别认同、性取向之间的关系并不像人们想象中那么大。单身父/母亲本身并不是孩子性取向形成的原因，与其因为这些没有科学依据的说法焦虑，还不如多关注如何理解孩子、如何尊重孩子的成长规律。

本节关键点

男女的生理性别差异并不等于心理和能力上的差异。男女差异确实存在，但在人工智能发展为主的当代社会，再用性别差异来束缚孩子的发展，对任何一个孩子都不公平，对整个人类社会也是大大的偏颇。

第三节　道德和发展

一、道德是一种智慧，无法速成

1. 对错二字在道德问题面前太简单

请先看一个案例：

一位妈妈曾经很困惑地对我说："孩子小的时候，我们想要让孩子做个善良的人，就一再教育他'不能打人'。后来，他上幼儿园，别的小孩子打他，他真的不还手，我们看着很心疼，就告诉他'如果再有下次，就第一时间告诉老师'。面对这样的问题，作为父母我们到底要如何教他啊？"

如果父母想采用直接灌输的方法来培养孩子的道德，很可能就会让父母左右为难：教孩子打人肯定是不对的，但一味让孩子忍耐，又担心孩子会被人欺负，会变得懦弱，到底该怎么办？因为道德看似简单，其实从古至今都是人类最难解决的难题之一。

道德关乎对错，但绝不等于对错。将道德和对错画等号，是对道德的一大误解。父母想用简单的黑白对错就把道德直接教给孩子，是行不通的。

假设你是一名正派的、以维护法律尊严为己任的刑警，因为公务得罪了一帮坏人。于是这帮坏人劫走了你的同事——一位女警察。她善良能干，还有一个三岁的女儿。坏人将这位女警察和一部无法追踪定位的手机放在一个箱子里，再将箱子埋到地下，用意就是让这位女警察通过手机通知到你：她在被找到之前只能呼吸到三个小时的空气。坏人知道警察在三小时之内根本无法找到确定的地点。这时，如果你是这位警察，你认为怎么做才是对的？

2. 道德灌输只适用于以前的社会

道德是智慧。智慧无法灌输，无法速成。一个被"道德灌输"长大的孩子，也许能够成为用死板的"道德"教条禁锢自己和他人的"君子"，但大概率不可能成为一个有独立思考能力、有宽容精神、有生活智慧的人。

比如，我们如何教孩子诚实？有些父母是这样教的："你要诚实，不能说谎话，要说实话说真话。"对吗？但当孩子对一个颜值不高的阿姨说"阿姨你真难看"时，你会夸奖孩子诚实，还是责备孩子乱说话？当孩子问"你不是让我说真话吗？我就是觉得阿姨不好看呀"，你又该如何回答孩子？

比如，我们如何教孩子懂得公平？四岁的孩子会要求自己和一个坐在轮椅上的同龄孩子受到同等对待；14 岁的孩子知道，公平是坐在轮椅上的孩子被更多地照顾；24 岁的孩子可能会思考，即使坐在轮椅上的孩子得到更多，生活对他是不是还是不公平的；34 岁的人可能开始感悟，其实这些不公平也许并不存在，生活对于每一个人都是公平的；44 岁的人可能开始反思自己以前关于公平的思考；54 岁的人可能开始著书立说"论公平"；64 岁的人可能决定还是不要评说公平为好……对错在这些公平的认识面前是不是显得过于简单了。

教育是为未来而教，现在的孩子需要适应未来的道德。作为一个社会的行为约束，道德不是一成不变的东西。现代社会对道德的标准不再追求唯一的答案。文明的进步意味着社会能包容更多的思想和观点。比如，过去的社会对婚姻形式有统一的看法——一夫一妻或一夫多妻才是正常的，不结婚或离婚不被人们理解和接受，甚至被认为是不道德的。而现在的社会却能包容更多的婚姻形式，丁克家庭、单身族，都可以得到更多的理解和接受。

教育是为了帮助孩子更好地适应他们以后将要生活的社会环境，那么，再以单一的对错标准来培养孩子的道德观，对孩子来说有好处吗？

二、道德的核心不是对错，而是情感

1. 善恶源于关心

道德情感表明我们能对他人付出关心。如果对他人没有关心，我们可以知道对错，但就是不会在意对错。

监狱里的犯人在犯罪之前难道都不知道自己要做的是错事吗？就连连环杀手都知道自己的行为是大错特错的，他们只是不在乎自己是不是犯了错。

有很多妈妈说："做了妈妈后，我再也见不得孩子受到伤害，哪怕是别人的孩子，或是不认识的孩子。"

因为做了妈妈，她们能亲身感受到幼小的孩子受伤害后的可怜、无助与委屈。有了这种感受，一个人就几乎不可能做出伤害孩子的行为。阻止我们伤害他人最根本的原因不是"知道对错"，而是预知和在意他人被伤害后的痛苦。所以，情感才是道德的核心。让我们在意自己是对是错的深层原因就是我们对他人产生的情感。

所以，要让孩子真正做到不伤害他人，去做对的事，父母不仅要告诉他们"伤害别人是不好的"，更重要的是让孩子成为一个在乎他人的人。

2. 爱人之人必被爱过

一个孩子是否能成为一个在乎他人的人，有两个因素起着决定性的作用：第一，他是否被他人真正在乎过；第二，他是否有足够的机会关心过他人。

当代道德心理学不仅发现道德的核心是情感，而且还发现人天生就有道德感——区分善恶的倾向和能力。但是这种能力要发展成真正的道德，需要孩子在成长过程中感受到他人的善意、关注、尊重和爱，并且孩子能有机会把这些善意、关注、尊重和爱反馈在他人身上。

孩子怎么被对待，他就学会怎么对待他人。如果孩子被尊重，他就学会尊重他人；如果孩子被在乎，他就学会在乎他人。相反，如果孩子从来没体会到被尊重和被在乎，那他也就很难学会尊重和在乎他人。所以，对孩子的道德教育来说，亲子关系有着非常重要的影响。要教出有道德的孩子，父母最需要有以下几个方面：

（1）跟孩子建立亲密良好的亲子关系，让孩子在亲子关系里建立安全感，打好爱和被爱能力的情感基础；

（2）不要溺爱孩子，不要让孩子误以为"以自己为中心"是天经地义的，也要给孩子机会——学会照顾家人，让孩子体会为他人付出的成就感和喜悦；

（3）以身作则，成为孩子尊重、在意他人的榜样。

三、不要用成人的道德标准衡量孩子

1. 道德跟大脑发展水平有关

这就要说到道德的另一个重要组成要素：道德推理——如何判断对错。

判断对错其实并不总是那么容易，就像前面讲到的在现实生活中关于诚实、公平等问题会让人很为难。复杂的道德问题并非简单的对错归类，需要复杂的思维推理。而人的思维推理能力，或者说认知能力，是随大脑发育和年龄增长而变化的，所以，小孩子由于受限于认知发展水平，他们判断对错的标准和能力和成人是不一样的。这是常常被父母忽视的一点。

假设你问一个五六岁的孩子："小明在房间里听到妈妈在厨房叫他去帮忙，就赶紧朝厨房跑去，但因为他跑得太快，在转弯的时候撞倒了桌子，桌子上的五个玻璃杯都掉到地上摔碎了。另外一个孩子小刚，想趁妈妈出门的时候偷吃柜子里的巧克力，但他在拿巧克力的时候把桌子上的一个玻璃杯碰到地上打碎了。那小明和小刚哪个更应该被批评？"你认为孩子会怎么回答这个问题？

如果把这个问题让一个 11 岁的孩子回答，他的答案会一样吗？

这是认知心理学大师皮亚杰设计的一个经典问题。皮亚杰希望从孩子认知发展的角度研究人的道德发展规律。他发现在上面例子中故事的设定下，五六岁孩子会从事情的客观结果来判断——"打小明两下，打小刚一下。因为小明打碎了五个杯子，小刚只打碎了一个杯子"，而 11 岁的孩子则会从人的主观意图来判断——"偷吃巧克力的小刚更应该被罚"。他的研究成果加上他的弟子以及很多心理学家的努力，让我们意识到在孩子的成长过程中，孩子用来进行道德推理的标准是随年龄增长而变化的。

2. 不同年龄阶段孩子判断对错的发展规律

一般来说，很小的孩子在判断对错的时候，看的是行为的具体结果或是否能实现自己的目的：

- 如果造成不好的结果或被惩罚，那么这种行为就是不对的；
- 如果没有被发现被惩罚，那么这种行为就没有不对；而且，行为造成的伤害越大，或被惩罚得越严厉，这种行为就越不对。

这种判断对错的方法就很简单直接，只需要很简单的认知能力。所以，想要这种认知能力水平的孩子像一个成人一样懂得"正直"的意义是不可能的。他们只能理解"我偷了你的钱，但我后来又把钱还给你了，对你并没有造成伤害，那么我的这个行为就没什么错"这样的道德推理。

所以对这个年龄段的孩子，父母会发现奖惩的方法非常管用。于是很多父母都会喜欢用小红花这样的方法来管理孩子的行为。但我特别想提醒一点，孩子的认知能力会随着年龄的增长而不断发展，所以这种方法很快就会失去效果，同时还会留下不好的副作用：

（1）破坏亲子关系，孩子反感父母的管教，甚至发展为激烈的叛逆行为；

(2)孩子的内在动力被破坏,在之后的学习和生活中表现出不自觉、拖拉、萎靡不振等;

(3)孩子成为完美主义者,极度地追求成功和完美等。

所以,在这个年龄段,父母不要利用孩子的这个特点,不要固化孩子用对错两个极端标准的二元论思维,才能帮助孩子在道德推理上向前发展。

等孩子长大一些(9~10岁以上),孩子开始用是否让人高兴、给人帮助来作为道德判断的标准,他们会根据社会中大多数人的观点来判断行为的对错,这也就意味着他们将行为的主观意图纳入了道德推理。比如,他们会说"那个同学偷拿别人的东西是不对的,因为偷东西是犯法的"。

在这个年龄阶段,孩子的认知能力有了里程碑的发展——他们开始从以前的具象思维向抽象思维发展,但是,这种抽象思维能力的发展是需要时间和练习的。根据研究发现,对这个年龄阶段孩子在道德推理上最好的练习莫过于讨论道德问题,包括给孩子机会与自己的朋友和同龄人交流彼此对道德问题的观点并相互提出质疑,以及和孩子建立良好关系的成人以友好平等的态度、用温和提问的方式与孩子讨论跟道德有关的问题。

等孩子再长大一些,一部分孩子逐渐超越之前道德推理的标准,认为"良心"是比法律更正确的道德推理标准,而一部分孩子可能就会一直停留在上一个道德推理阶段。

上面道德推理的发展规律能给我们的道德教育什么启示呢?

我们不能将小孩子的撒谎等"道德行为问题"等同于成人的"道德败坏"。道德不是一天培养成的,过早给孩子贴上"坏孩子"的标签是不公平的。

3. 发现孩子撒谎怎么跟孩子交流呢

很多父母会这样跟孩子说"说实话才是好孩子"或"如果你偷吃了巧克力，我不生气，但你要老实告诉我你是不是偷吃了"，但这样的话往往不能达到效果。因为孩子的内心可能害怕当自己说了实话后，父母会说话不算数；也可能会以为"父母会因为知道自己偷吃而伤心，如果不知道自己偷吃就不会伤心"，那还是让父母不知道自己偷吃对父母更好。

那父母怎么做才能让孩子愿意说实话呢？父母可以这样说："对于妈妈/爸爸来说，最让我难受的就是你对我不说实话，如果我发现你骗我，我会很伤心，就像你发现妈妈/爸爸骗你的时候你也会很伤心一样。"

本节关键点

道德教育的核心不是"是否对错"，而是"是否在意对错"。

从小就用对错来形成孩子心里的道德地图的教育方法，只能限制孩子发展面对道德问题的智慧。

道德教育组成要素是道德情感、道德推理和道德行为。

亲子关系中孕育着道德的基础。

小孩子的撒谎等"道德行为问题"不能等同于成人的"道德败坏"。

第二部分

相　处

　　这部分我们将转入行动模式。家庭教育最终都要落到每日与孩子的相处当中。道理千千万，落地样样难。即使父母知道孩子成长的规律，如果让父母把与孩子相处中需要解决的问题列出来，那也将会是一张长长的写满了"我该怎么办"的清单。怎么把这张清单缩短呢？好比学数学不能只埋头解题，而要总结思路。我们在每日跟孩子的相处中也不要沉迷于寻找每件事的答案，而要找到与孩子相处的思路——父母要满足孩子的情感、约束孩子的行为，这个思路能帮助我们解决很多的家庭教育问题。

第 四 章

满足孩子的情感需要

人通过两种途径来理解和适应周围的环境,一个是理性的逻辑思维,一个是感性的情绪感受。理性和感性这两者中的任何一个方面出现问题,都会造成人对环境不适应。所以,如何帮助孩子学会认识、接受、管理自己的情感,是父母与孩子相处的一个重要课题。

第一节　亲子关系的本质是情感关系

如果鸟对世界没有一种本能的信任,它是否会筑巢?

——巴切拉德

一、亲子关系的本质是情感关系

1. 血缘关系不能保证依恋情感关系

作家韩少功写过一篇题为《孩子,你为什么不哭》的文章,这篇文章讲了这样一个故事:

多多的父母把多多送到香港地区读书,而他们自己则留在内地拼命挣钱。后来,多多的妈妈患上癌症去世了。去世前虽然她声音已经嘶哑,双目已经失明……但她坚持锻炼,要下床行走,倚靠着周围的墙壁或者窗台,希望自己的咬紧牙关和不顾一切地挺住能够带来奇迹。她说她不能死,多多还很小。可多多对妈妈的病和去世却表现得很淡漠。即使在跟妈妈的遗体告别时,他面对躺在花丛里的母亲仍然没有什么悲痛,偷偷地瞅瞅这个或者那个长辈,似乎擦了一下眼睛,也没擦出什么眼泪。倒是在走出太平间后,他有了下课式的如释重负。对此,多多的爸爸老木百思不解,说妻子最疼爱并且寄予希望最多的就是多多,但他居然没有为母亲之死流下一滴眼泪,真是邪了。他相信这就是命。可是多多在给一位同学的电子邮件里是这样说的:"我真想像别人一样爱我的妈妈,对我妈妈的死表示悲痛,但我怎么也做不到,我想了种种办法还是做不到,我怎么办啊……"在故事的最后,作者写道:"孩子是一心一意要悲痛的,但只是'爸爸'和'妈妈'的空空的概念无法让他悲痛。那些确实昂贵而且华丽的儿童消费品,它们与商场里的万千消费品没什么两样,并不能给'家庭'这个词填充感觉,孩子无法冲着一个搬到家里来的商场'哇哇哇'地痛哭。"

听了这个故事,你有什么心得?我的心得是,血缘关系并不能保证良好的亲子关系。俗话说,血浓于水,有亲情就有感情。但是我们常常忽略了一点,有亲情不一定有长久的感情。

实际上,即使是作为亲生父母,我们也不能指望只靠自己与孩子的血缘关系就得到孩子在情感上对自己长久的依恋。

2. 依恋关系

所谓依恋,就是不受时空限制地将一个人与另一个人联系起来的一种持久的情感联结。

为什么要强调情感依恋呢？因为在亲子教育中当我们说到亲子关系对孩子成长的影响时，主要指的是情感关系。没有情感联结的亲子关系只是一个空壳，对孩子的成长起不到应有的作用。处在这种亲子关系中的父母，面对孩子的教育就会感到无能为力、束手无策。

有些父母因为某种原因把刚出生的孩子留给老人或保姆看管，等到孩子上学再"接手"孩子的教育，觉得孩子这个时候才开始需要父母的教育。也许，他们认为孩子这么小，反正也不懂事，让他们吃饱喝足就够了；也许，他们在教育孩子上感到心有余而力不足，在孩子还小的时候，父母有比陪伴孩子更重要的事情要做。但是，这种做法的结果是等他们在后面"接手"孩子的教育时，往往会发现孩子太不好管了，或者觉得孩子不听话，或者发现孩子有很多行为问题，或者感觉孩子很难与自己亲近。究其原因，就是良好的亲子情感关系是家庭教育的基础，是孩子成长的基础，没有这个基础，孩子的成长和家庭教育就会出现各种问题。

依恋理论由英国心理学家约翰·鲍尔比在 20 世纪 60 年代提出，强调的就是情感关系对人发展成长的影响。如今，它已成为心理学界研究亲子关系最重要的理论。依恋理论认为，在孩子生命早期形成的依恋情感关系对孩子之后的行为和心理发展起着深远的影响。良好的依恋关系通过为孩子提供心理上的安全港湾和安全基地，让孩子敢于探索，能在事情变糟的时候让孩子实现很好的自我调节，从而促进孩子的健康成长。相反，不良的依恋关系会导致孩子出现某些行为和心理问题。

所以，在看待亲子关系对孩子的影响时，真正重要的是父母与孩子之间的情感关系,而不是先天的血缘关系。血缘关系并不等于依恋关系。血缘关系是天生的,但依恋关系是后天形成的。父母要记住这一点,这对孩子的教育非常重要。

二、如何建立依恋关系

现代社会中,父母往往面临的一个现实问题就是时间有限,比如"我常常出差或者加班,没有那么多时间陪伴孩子,所以对孩子挺愧疚的,该怎么办"?

1. 建立依恋关系的关键在于父母的感受性

其实,依恋理论从来没有告诉我们,父母需要把所有的时间都用来陪伴孩子,或者,父母陪伴时间越长,孩子的安全感就越强。

所以,当你听到"没有陪伴就没有依恋"这个观点以后,请不要想当然地得出"父母跟孩子的情感关系就是由陪伴时间长短来决定的"这个结论。实际上,几十年前的研究就已经发现,即使父母经常给婴儿洗澡、喂食、换尿布,也不一定就能换来婴儿的依恋。

那什么才是建立情感依恋关系的关键呢?答案是,父母对孩子的感受性。什么是父母对孩子的感受性呢?依恋理论的提出者鲍尔比将感受性定义为"对儿童的尊重",后来其他心理学家又赋予这个概念一些更多的含义。具体来说,感受性主要包括父母对孩子的一系列的反应特性,比如他们能否留意到孩子发出的信号、能否准确理解信号的意思、能否做出恰当和准确的回应——父母如何在与孩子沟通中让孩子感受到理解和尊重。

所以，对于工作繁忙的父母，除了调整自己的生活，尽量抽出时间来陪伴孩子外，更重要的是学会理解孩子，用心去陪伴孩子，多体会孩子的内心感受，少评价、多观察、多交流。

2. 不能只谈学习或只用物质满足孩子

"没有那么多时间陪伴孩子"确实是父母与孩子建立良好亲子关系需要克服的一个困难，这个困难也引起了父母们的重视，但另外一些破坏亲子关系的做法很容易被父母们忽视。

一位年轻妈妈曾对我说："有一天我跟两岁的儿子独自在家，窗外飞过一架飞机，儿子对我说：'妈妈，灰机。'我说：'对，有一架飞机。'等飞机飞过去以后，我就不知道跟儿子说什么了，于是我拿起了识字卡片教他认字。"

在很多父母心中，跟孩子在一起时最重要的事，就是教孩子学习新知识或者跟孩子聊学习。还有些父母因为没时间陪孩子，就在物质上对孩子有求必应甚至过度满足，希望用这些物质来弥补孩子。其实这些行为都是破坏亲子依恋关系的，因为孩子并没有得到情感上的联系和满足。

3. 弥补与孩子的亲密关系需要弥补孩子的情感

孩子与父母的依恋关系从出生就开始建立了，0~2岁是父母最容易与孩子建立依恋关系的时期。如果错过了这个时期，就需要花更多的时间去建立这个关系。我们来看一个很有代表性的案例：

女孩出生三个月后，父母去外地工作，她一岁之前由外婆抚养，一岁到六岁跟随爷爷奶奶生活，父母每年会回去看她几次。父母一开始觉得孩子跟自己只是有些认生，有些隔阂，后来孩子大一些觉得孩子似乎还有些怨恨。上小学后,女孩来到父母身边,没过多久,父母又有了一个男孩,女孩觉得和弟弟相比,父母并不爱她,父母想和她亲近,她却表现得比较冷漠和排斥。

面对这样的情况,父母怎么才能拉近和孩子的关系呢?

(1)首先,父母要对拉近与孩子关系所需的时间有一个现实的期待。案例中的女孩对父母表现出冷漠、排斥,是因为父母没有给她情感培养的过程。如果从现在开始培养,至少要用半年、一年甚至更长的时间重新经历这个过程。

(2)父母应当主动向孩子表达没有从小陪伴孩子成长的懊悔和内疚,重点要表达出很在乎孩子的感受,比如可以这样说:"爸爸妈妈在你小的时候没能跟你在一起,现在想来很后悔,如果时间能回到过去,爸爸妈妈一定不会再这样做。如果你心里生爸爸妈妈的气,没关系,但爸爸妈妈很担心你,不说出来的话会更难受。如果你不想说,你可以把你心里的难受画出来。"父母也可以帮助孩子整理内心的感受,比如这样说:"你还能想起来小时候跟爸爸妈妈在一起的事情吗?你想到爷爷奶奶和想到爸爸妈妈有什么不一样吗?你心里难受的时候会最想跟谁说?"

(3)父母可以用一些方法跟孩子一起回顾一遍童年的回忆。比如,父母可以一起跟孩子花时间做一个童年图册,在这个图册里按时间顺序贴上孩子成长过程中的照片、画的画、去过的公园门票等,并且在做图册的过程中跟孩子讲讲童年的故事,这些故事最好要生动具体,让孩子感觉身临其境一样,内容最好包括当时的天气、周围环境的描述、人的心情等。

(4)培养亲子关系最需要的是父母要尽量关注到孩子的需求。这种需求更多地是指精神上的需求,而不只是物质上的需求。为此,父母要多关注孩子的情绪，而不要一味用物质或"好好好，只要你高兴就好"这样的语言来"讨好"孩子。

（5）父母可以用一些仪式和固定的生活细节来帮助孩子融入家庭。比如，父母可以在每周中找一天作为孩子的"晚餐做主日"，让孩子自己决定晚餐吃什么；或是在家里布置一个角落展示孩子的作品；或是在冰箱上贴上全家人的照片；或是邀请孩子的朋友来家里玩；或是有意创造一些与孩子的小秘密；等等。

4. 不要把亲子依恋关系等同于朋友关系

说到良好的亲子关系，很多父母会想到要跟孩子做好朋友，但在实际生活中这种做法往往事与愿违。我们来看下面这个小案例。

一位妈妈告诉我："我很重视与孩子建立的情感关系，可在孩子身上反馈出来的结果跟我的想象并不一样。在我小的时候，爸爸妈妈对我的教育方式很强硬，让我常常感到委屈和孤独。长大后我常常羡慕其他人能跟父母说心里话，有事也能跟父母商量，我跟我的父母之间却总是像隔着一道墙。所以，在有了自己的孩子后，我最大的心愿就是能成为孩子最好的朋友，孩子可以把自己的心里话告诉我。于是，在与孩子的相处上，我总希望以朋友的身份参与。跟孩子玩耍、聊天的时候，我都尽量尊重他的想法和意愿，从来不命令孩子，也不强迫孩子，有事总会跟孩子商量。可是，随着孩子长大，我却渐渐感到力不从心。每天从孩子起床、出门到吃饭、上床睡觉，都要我不断地提醒、催促，可孩子依然我行我素，不懂得配合。尤其是在学习上，不管我怎么引导、劝说，孩子就是不能按要求完成学习任务，这时我就不得不切换成家长的身份来命令他，甚至强迫他。有时我还会在突然之间情绪崩溃，对孩子又吼又叫，但随后我又非常自责，对孩子充满了内疚。在这样的反复中,孩子现在长大了,上初中了,但他无法自觉地遵守学校的规章制度,回家也不能自觉完成作业,做事很任性。我必须要管他,可我觉得长期这样下去,就不可能真正和孩子成为朋友了,真是挺矛盾的。"

"我希望能成为孩子最好的朋友,这才是最好的亲子关系"的观念听起来很诱人,很"平等自由",因为它意味着孩子总希望跟你共度时光,总会跟你分享生活中的大事小事,遇到困难总想听取你的意见。但为什么实际生活中我们与孩子的相处达不到这样的效果呢?因为把良好的亲子关系等同于好朋友关系,是对亲子关系的一种误解。

每一种关系都有自己的功能。我们既需要亲子关系,也需要朋友关系、同事关系、伴侣关系等。

亲子关系跟朋友关系两者虽然有相似点,但成为父母和成为朋友之间有着根本的区别:朋友之间相互没有责任,朋友之间相互独立、平等,不能过多干涉对方的生活;而父母对孩子负有责任,也就是父母必须要"管"孩子。

可能有人听到"管"孩子,就会反感。有一种观点认为,如果孩子得到了足够的安全感,也就是得到了足够的"爱和自由",就能自然成长为一个健康的人,所以,父母的责任只在于尊重孩子。这种观点很能打动人心,也貌似符合人性,但其实在发展心理学理论上早已过时,而且在现实生活中也被无数像例子中的那位妈妈一样,被证明是一种不切实际的幻想。

其实,跟父母成为最好的朋友也并不是孩子对父母的需要。在孩子未成年前,一个完全像朋友一样的父母是无法给予孩子安全感的。孩子需要一个爱自己的人告诉自己,什么可以做,什么不可以做，也就是为自己划定安全和不安全的界限。孩子需要的是比他们强大，但不会利用这种强大来控制他们的父母。这种安全感会让他们安心慢慢长大，而不会试图超越能力与见识都远超过自己的父母去做所有决定。否则，孩子看似自由，实则在未知的世界面前内心充满了恐惧。一个可以在外面玩到半夜也没有人来叫自己回家的孩子，内心会是什么感觉？孩子既需要朋友，也需要父母，他们其实非常清楚父母和朋友分别代表什么。

如果说"跟孩子做朋友"是尊重孩子的人格，让孩子在亲子关系中得到足够的安全感和依靠，让孩子不惧怕父母，对父母产生亲密感，让孩子向父母说出内心真实的想法和感受，那么这确实是良好亲子关系的必要组成部分，但良好的亲子关系绝不止于此。良好的亲子关系，是父母既要给孩子以理解和尊重，也要给孩子必要和有效的行为约束。如果只有前者没有后者，就等于父母把成长的任务都交给了未成年的孩子。所以，父母只跟孩子做朋友是完不成自己作为父母的责任的。

亲子关系是世界上最独一无二的关系，是孩子唯一无法找其他人替代的关系。父母成了孩子的朋友，那谁来担起父母的责任呢？

所以，父母不能将"成为孩子最好的朋友"作为自己的目标，而是应该以"成为尊重孩子的父母"为目标，把孩子好朋友的位置留给其他人。可以做孩子好朋友的人有很多，而可以做父母的人，只有你。

其实，做孩子的好父母远比做孩子的好朋友要难，好朋友只需要理解、支持、帮助对方即可，而要做好父母，除了这些，还要在不破坏与孩子亲密关系的基础上，让孩子学会约束自己的行为、学会适应现实的环境。

如果你对"跟孩子做朋友"这个想法非常强烈，那很可能是折射了你内心深处的某种遗憾或观念,那你就找出这些遗憾或观念的源头,直接去解决。解决了这样的问题,你自然知道如何与孩子建立真正亲密的亲子关系。

所以,良好的亲子关系并不等于最好的朋友关系。在孩子成年之前,父母最需要的是做到平衡,即尊重理解孩子和管束孩子行为这两者之间的平衡。如何做到这种平衡呢?下面,我们拿生活中常见的让孩子按时睡觉作为例子具体讨论一下如何做。

5. 案例:如何让孩子准时上床睡觉

如何让孩子准时上床睡觉对很多父母来说都是比较头疼的问题。父母跟孩子说好了几点上床睡觉,但孩子总是用各种理由拖时间。父母如果强制孩子,会惹来孩子大哭大闹;如果由着孩子,那肯定对孩子的健康有不好的影响。那在这个问题上父母怎么平衡对孩子的理解和对孩子行为的约束呢?

我们先来看看只注重理解孩子的父母的做法。这样的父母希望通过自己与孩子平等的商量,促使孩子意识到自己"怎么做才是好的",并能"说到做到"。于是,他们会跟孩子商量"咱们到了晚上九点钟就准时上床睡觉,好吗",然后在九点钟之前他们也不断提醒孩子:"该睡觉了,宝宝,再不睡,明天就起不来了。咱们不是说好了吗?"或者用各种方法温和地引导孩子:"妈妈帮你收拾玩具,咱们看谁收拾得快?"或者"你早点上床,妈妈给你讲个故事。"可是,孩子往往都会直接拒绝:"妈妈,我还想玩。"或者对妈妈的提醒置之不理,或者哭闹不止。不愿约束孩子行为的父母在无可奈何地催促孩子的同时,可能不由在心里为孩子的行为找到借口"白天没那么多时间陪孩子,现在孩子玩得正高兴,就让他再玩一会儿吧",或者心想,"那孩子不配合，我也没办法"，于是就对孩子说："那再玩 15 分钟。"15 分钟后，同样的情况再次上演。于是，让孩子知道准时上床睡觉的问题就这样一日一日地被拖下去。

相反，那些只注重约束孩子行为的父母就会简单地告诉孩子"晚上九点必须得上床睡觉"，对于孩子表现出来的情绪等不会加以重视，认为考虑孩子这些反应是没用的，父母的责任只是告诉孩子该做什么、不该做什么，让孩子知道怎么做才是对的，怎么做是错误的，然后督促孩子做到。

事实上，要做到这两方面平衡，需要父母多做些工作。

妈妈可以先对孩子说："你九点钟要上床睡觉，这是妈妈给你定的睡觉时间，睡太晚对身体不好。"这样说，就明确了这件事是妈妈规定的标准，树立起妈妈的权威感。

然后，给孩子机会表达自己的意愿和想法："妈妈让你上床睡觉的时候，你会不会觉得没玩够啊？"孩子当然会说："对啊，我想多玩一会儿。"妈妈可以这样说："晚上要是能一直玩就好了，玩到九点就上床睡觉，真是难受啊。"充满理解的倾听可以让孩子跟妈妈建立一种亲密感，但这并不意味着妈妈要放弃自己的原则。

接着，妈妈再向孩子解释这个规定的原因："妈妈也想让你一直玩，但不按时睡觉会影响你的身体，妈妈看到你的身体不好会心疼。"此时，妈妈要意识到，孩子现在的能力不足以很好解决这个问题，于是，妈妈不是简单地将"说到做到"留给孩子，而是利用这个机会来培养孩子解决问题的能力："你睡觉前想玩些什么？你来说，妈妈来写。"这样说会让孩子感到自己的意愿被看到、被尊重。写完以后，妈妈再跟孩子商量完成每一项活动要花多少时间，算算做完全部活动要花多少时间，看看晚上的时间是不是够。

经过这个过程,孩子得到了妈妈的理解,会更愿意配合妈妈,也因为参与了问题的解决和规则的制定,执行准时上床睡觉的命令就更容易。

妈妈这么去交流,并没有为了让孩子服从命令站到孩子的对立面,而是在尊重孩子的前提下给孩子提出了一种看待问题的角度,让孩子体会到,遇到事情并不是只有坚持欲望才是解决方案。

父母的责任还包括要让孩子体会到规则就是现实,要让孩子学着接受现实。所以,妈妈可以告诉孩子,到了睡觉时间不睡觉的后果是:"妈妈会把灯关上。"从而,让孩子学会控制自己去适应规则。

本节关键点

满足孩子的情感需要从建立良好的亲子关系开始。亲子关系的本质是情感关系,但亲子关系还要做到尊重孩子和管束孩子的平衡。父母只做到理解和尊重孩子,或者只做到单纯管束孩子的行为,都不难。真正难的是如何同时做到这两者。

第二节　在交流中听懂孩子的感受

据说,人是理性的动物。我为了寻找这方面的证据,耗费了自己一生的心血。

——伯特兰·罗素

上一节，我们说到亲子关系的核心是父母的感受性。父母要能留意到孩子发出的信号、准确理解信号的意思，并做出恰当和准确的回应。那么，具体该怎么做呢？

一、理解孩子从感受入手

父母在与孩子相处时，可能会遇到以下困惑的地方：

"我也想要对孩子温柔而坚定，可我好好跟他讲道理，遇到事情好好给他分析，但有的时候他听，更多的时候是不听，而且年龄越大越不听。"

"孩子不跟我们说心里话，跟孩子的对话总是不顺畅，有事的时候孩子还能跟我们说两句，没事就一句都不多说。"

"我想了解孩子对某一个问题的想法，问孩子为什么会这么想，有什么理由，可孩子老说'没有为什么'或'因为所以，就这样，没有理由'。"

这些困惑是怎么导致的呢？我想从一个真实的例子讲起。

1. 第三条路

有位爸爸曾问我这样一个问题：

我儿子五岁。我们跟他说好一天只能看两集动画片。一天晚上，我们还没回家，儿子跟奶奶在家。儿子看完两集动画片以后去厨房找奶奶："奶奶，我已经看完两集动画片了，还想看，等爸爸妈妈回来，你不要告诉他们我已经看过两集动画片了。"

如果你是这位奶奶，会怎么回答孩子？

很多父母都会在答应和不答应这两种反应中犹豫。如果答应孩子，虽然跟孩子的关系好像"搞好"了，孩子也开心了，但好像给孩子开了不遵守规则的口子,可能让孩子觉得"看来大人的要求不遵守也没什么关系",所以答应孩子貌似不妥。那是不是就只有不答应孩子这一种选择呢?上面这位奶奶在现实中就是这样做的。

她告诉孩子:"你跟爸爸妈妈说好的,一天只能看两集动画片,好孩子是不会撒谎的。"可是让人意外的是,这个五岁的孩子听了奶奶的话,来了一句:"奶奶,我是跟你闹着玩的。"听到孩子的这个回答,我们就发现不答应孩子也貌似不妥,因为以后孩子就可能通过其他办法来掩饰自己的真实想法,并且慢慢学着不跟家长说实话。这样看来,答应也不好,不答应也不好,那该怎么办?

既然答应和不答应都不是最优的回答,那我们能不能找到第三条路?为此,我们来换一个思路。

通常,遇到孩子的问题时,父母的思路是"我该怎么解决这个问题",或者更直接一点就是"怎么才能让孩子按照正确的方向去做"。就像上面的例子中,答应孩子和不答应孩子,虽然看似不一样,但本质上都是直接给了孩子一个解决方案。而孩子呢,相应地也就只有两种选择,服从或不服从。

那现在我们改变一下思路,从"我该怎么解决问题"变为"我该怎么利用这个机会帮助孩子提高解决问题的能力"。

用这个思路,奶奶就可以这样跟孩子交流:

你还想继续看动画片吧?动画片真好看呀,你好想再接着看下去,是不是呀?但是你又答应了爸爸妈妈,对不对?奶奶其实很想让你继续看,只要你开心,奶奶就开心,奶奶特别想让你开心。可是奶奶很为难,如果我不答应你,你会不高兴;如果我答应你,又不知道怎么跟你爸爸妈妈说,我不想骗他们。你说咱们可以怎么办呢?

这样的交流方式并没有直接给孩子一个解决方案。但是,它做到了既维护了与孩子的关系，让孩子更加信任家长，同时又培养了孩子的能力，包括孩子的情绪管理能力、表达能力、解决问题能力等。

具体是如何做到的呢？以下几步是至关重要的：

• 与孩子做到相互理解，同时帮助孩子找到真正需要解决的问题——培养孩子寻找和设定目标的能力；

• 鼓励孩子针对面对的问题提出自己的想法——培养孩子自主思考和表达的能力；

• 与孩子一起分析各种做法会导致的后果——培养孩子理解他人和反思的能力；

• 为孩子提供有帮助的信息——培养孩子理解他人意见的能力；

• 鼓励孩子去尝试，并根据孩子的反馈与孩子一起商量应对方法——培养孩子解决问题和合作的能力。

2. 理解孩子从听懂孩子的感受开始

可能有人会说，我也鼓励孩子提出自己的想法，可孩子不配合我呀。这很可能是因为忽略了上面步骤中最关键的第一步——理解孩子，也让孩子理解你。没有这一步，即使我们按后面的步骤正常做下去，也很难收到好的效果。

孩子是人，不是机器。前面我们提到，人的行为除了受理性逻辑思维的影响，也会受感性情感的影响。感性情感对人的影响往往被轻视，但如果将情感排除在外，我们是无法很好理解自己和他人行为的。比如我们都知道，有时候自己会出现"我知道这样做不好，但就是忍不住会这样做"的行为，这种时候我们会怎么做呢？是不是会给自己讲道理，告诉自己要有坚强的意志力不要去做这种行为，但最终陷入"我对自己无能为力"的情感陷阱中？

对孩子来说也同样是这样。我们遇到孩子不听话的时候，往往会习惯性地给孩子讲道理或责备孩子不懂事，也就是在理性思维上与孩子交流，但多数情况下都收效甚微。

这是因为我们忽略了情感对行为的影响。孩子跟我们一样，不是因为不懂道理，而是卡在情感上。

难道我们只能看着孩子屈服于情感的强大力量吗？当然不是。要解决这个问题其实也不难，我们要是能<u>让孩子把内心的情感表达出来，就能在很大程度上减少情感的力量对孩子行为的阻碍</u>。具体应该怎么做呢？父母要学会听懂孩子话里的感受，并让孩子知道父母有听懂他的感受。

在上面的例子里，奶奶对孩子这样说："你还没看够吧？动画片真好看呀，你好想再接着看，是不是呀？"这就是让孩子知道"我听懂了你的感受"。

可能有人会怀疑，这样做真的有用吗？

二、理解孩子感受的作用

在传统观念中，情绪尤其是消极情绪被认为只会干扰人的思维，会让人不理智、犯错误，甚至有人会认为情绪就等于情绪化。所以在孩子产生紧张、害怕、伤心等这些消极情绪时，很多父母避之不及，更谈不上与孩子交流这些情绪。

比如当孩子到医院打针，因为害怕而哭闹时，父母会告诉孩子："不要害怕，勇敢点。"似乎在大家的观念里，害怕是不好的，勇敢才是好的，所以父母认为只要孩子不害怕，就不会感到难受，也不会哭闹，还培养了孩子良好的品质。所以，他们觉得让孩子消灭、回避这些消极情绪才是正确的，为什么还要跟孩子交流这些情感？

其实，不要说普通父母，心理学家都曾忽视对情绪的研究。很早以前的心理学家普遍认为情绪是一种不那么重要的附属心理现象。但是，如今这种观念已经完全改变了。随着越来越多的心理学家关注到情绪，对情绪的研究也随之大规模开展起来。这些研究的结果极大地改变了心理学对情绪的本质和功能的认识。孩子成长中的情绪发展也就成为亲子关系研究中关注的重点。

1. 什么是情绪

在《儿童心理学手册》中，作者给情绪下的定义是这样的："情绪是个体试图或准备去建立、维持或改变个体和对他有重要意义的环境之间的关系"。

从这个定义中，我们可以看到心理学家对情绪的定义已经脱离了传统的情感内涵。因为心理学家们已经认识到，情绪远不像日常生活中理解的那样，只是一种情感概念。在本质上，情绪是一种信息处理系统，既帮助人们理解周围环境发生了什么，也帮助人们做出判断和行为。在漫长的人类进化过程中，情绪一直是引导人类适应种种环境、成功生存下来的一个主要力量。比如，愤怒提醒人们自己的权利或信念受到了侵犯；恐惧促使人们回避危险；嫉妒能够激发人们的潜能；悲伤使人们减少能量的消耗，以集聚能量重新开始生活；沮丧则是人们征服困难的推动力。

所以，可以将情绪看作是一个信息员。它的任务就是告诉人们某种信息。这种信息是关于周围环境对自己造成了什么影响，以及自己该如何应对。如果情绪发现它没有完成任务，也就是人们没有理会它带来的信息，它就会想方设法地去完成任务，也就是将情绪升级,直到让人们情绪崩溃而被看到。而如果情绪完成了任务,也就是让人们看到了它,它也就慢慢消失。

2. 理解孩子感受可以帮助孩子管理自己的行为

既然情绪的作用是传递信息,那么它就有一个神奇的特点,就是你越是不理它,它越激烈;而你越是坦然面对它,它越容易消散。所以,我们要接收情绪的信息,而不是忽视情绪的信息,这样才可以帮助我们从情绪中走出来,从而将注意力集中在用理性面对现实和思考我们该如何做。

《孩子,把你的手给我》的作者吉诺特博士是一位优秀的心理咨询师。在这本根据他多年的心理咨询实践经验写成的书中,他告诉父母"如果父母能够学会倾听在孩子愤怒的外表下所隐藏的担心、失望和无助,将会对孩子有很大的帮助。父母不要只针对孩子的行为做出反应,而是要关注他们心烦意乱的情绪,帮助他们应对难题"。他的这个观点得到了很多研究的支持,也被很多现实的例子所验证,比如下面这个案例:

我的女儿才三岁。昨天我带她去小区旁边的小公园玩。公园里有一个秋千,有一个比我女儿大的小姑娘虽然并不想玩秋千,但一直霸占着秋千不让我女儿玩。我女儿就觉得很委屈,哭了起来。我蹲下来,摸着她的头说:"小姐姐不让你玩秋千,你心里一定很难受。"我并没有像以往一样,告诉她:"小姐姐不让你玩秋千,没关系的,我们去玩其他的设施,等小姐姐走了,我们再来玩秋千。"或者"别哭了,哭有什么用啊? 看,那边有什么呀? 那个一定比秋千还好玩,我们过去玩好不好?"可是这次,女儿听了我的话,居然一下子就不哭了,眼泪还挂在脸上,她就已经为自己找到了解决办法:"妈妈,我想先去沙坑那儿玩。"

3. 理解孩子感受可以增进亲子关系以及帮助孩子自我的发展

当父母关注、理解、接受孩子的感受时，孩子会因为父母的理解和回应而跟父母更亲密。

当父母关注、理解、接受孩子的感受时，就为孩子留出了思考的机会和空间，也是将解决自己问题的责任留给孩子，这是对孩子的信任，会激发孩子调动潜能去实现自己的价值。

当父母关注孩子感受的时候，就是在培养孩子的情绪管理能力。情绪管理能力强的孩子并不是因为有什么办法去压抑自己的情绪，而是因为他们自身情感丰富，能很好地体会自己和他人的感受，可以将情绪和行为分开，不让情绪控制自己的行为。

所以，父母在与孩子的交流中注意理解孩子的感受，比给孩子讲道理或安慰孩子都更有效果。

下面是两个真实的案例，父母在与孩子的交流中首先去理解和回应孩子的感受，都收获了很好的效果。

案例 1：孩子六岁，学习英语两年多了，刚开始学得不太好，后来有一段时间学得很好，最近提高难度后他又有点吃力。昨晚他做完题后结果不太理想，表现得闷闷的。我在旁边观察了他一会后，过去抱起他，摸摸他的头、拍拍他的身子以示抚慰，然后说"是不是觉得自己挺努力了，为什么结果还不太好，有点怪自己，又怕爸爸妈妈对成绩不满意"，孩子一边眼眶内有泪水在打转，一边点头，他爸爸这时候也赶紧过来安慰他。孩子的情绪很快就好转过来。然后，我们就一起找到成绩不理想的原因，想出可以如何提高的方法。

案例 2：周六，五岁的弟弟出去玩耍回来后想要画画。我们想着五分钟后他就要上网课了，就提醒他："离上课时间很近了，这幅画你可能会画不完，只画到一半会不舒服，那你也要画吗？"他说："画不完没关系。"我们就让他去画画。他找到纸笔和找要画的图片之后，刚想开始画画就要上课了，而且还不小心又把头磕在了门框上。他坚持上完了半小时的网课，下课后他准备画画，但伴随各种拖延、磨蹭。爸爸就吼了他几句，让他尽快画，画完还要出门。

弟弟的情绪一下就朝我爆发了，开始大哭大闹，说不想要爸爸了。

我想起之前学过的反射式倾听的方法，心想正好尝试用一下。我就说："你正想要画呢，就开始上课了，心里好难受对不对？我自己做喜欢的事做到一半被拉走也特别难受。本来你心情不好，爸爸又那样说你，就让你更难受了，再加上头被磕了一下也好疼。"说着我关切地好好查看了下他磕到哪儿了。

在我说这些话的过程中，他的情绪缓和了下来。然后，我和他一起交流了关于不要爸爸和换个爸爸会对他和对我有什么影响，以及爸爸如果听了他的话会有什么感受。我告诉孩子："当时看到还有五分钟就要开始上课了，我就猜到会来不及画。"孩子就回应说，他当时没听懂这是什么意思，如果我这样说他就明白了。我赶紧说原来如此啊，那是我没说明白，这次我记住了，下次如果时间来不及，就跟他说还剩多少时间。看到他的情绪问题基本解决了我就说抱抱他。结果这一抱他就哭了，说他错了，不该那样说爸爸。这是我没想到的。因为整个过程没有像以往那样跟他讲道理，也没评判对错，只是和他一起感受了如果不要爸爸之后双方的感受。

让我们回到开头的问题，为什么父母费尽心机却得不到孩子的配合？一个最主要的原因就是父母在与孩子的交流中，习惯只就事论事地回复，没有对孩子的情感表示理解。这种情感理解的长期缺失很难让孩子对父母敞开心扉。所以，在与孩子的相处中，父母要从关注、理解孩子的感受入手，改变孩子心中对与父母交流模式的预期判断。

三、在交流中如何听懂孩子的感受

1. 反射式倾听

从前面的例子中，你可能已经发现，我们可以用下面的句式来表达自己对孩子感受的理解：

"你是不是/你看起来/你听起来/你好像……"后面跟一个表示感受的词。

反射式倾听，就是在对话中通过像镜子一样映射出孩子的感受，来表达对孩子感受的理解。

我们来看一些在生活中运用反射式倾听的例子：

（1）孩子说："我的好朋友今天没来上学。"

回应一："没事，她明天就会来的。""那你跟其他同学玩嘛。"

这样说是想安慰孩子或告诉孩子怎么做才好。

回应二："你听起来很担心他"或"你今天在学校是觉得孤单吗"。

这是用反射式倾听来回应孩子的话背后的感受，根据我们的生活经验去体会孩子这句话背后可能的感受，可能是担心他的好朋友，也有可能是因为好朋友没在，他没人陪伴而感到孤单无聊。

你觉得哪种交流方式会增进跟孩子的关系，还会让孩子告诉你更多的心里话？

（2）你给孩子买了一个礼物，但回到家孩子拿到一看，说："怎么是这个啊？"

回应一："你怎么会不喜欢？你看，这个很好的，是妈妈专门给你挑的。你一定喜欢的。"或"没关系，下次妈妈再给你买个你喜欢的。"或"给你买礼物，你还挑三拣四的，以后不给你买了。"

这样的回复是想改变孩子的感受、讨好孩子或责备孩子。

回应二："你是觉得很失望吗？盼了很久的礼物，却不是你想要的。"

这是用反射式倾听回应孩子话后面的感受。

回应一这种交流方式，孩子听后可能会闷闷不乐，或者会跟家长发生冲突。而用反射式倾听，孩子会有什么反应呢？孩子会更多地表达自己的情绪"对呀，我还以为你会给我买个我喜欢的礼物，我好失望啊"。在这之后，妈妈就可以更平静地告诉孩子，他这样说会对妈妈造成什么影响，以及商量以后在这种情况下应该怎么说、怎么做了。

（3）孩子在外面玩耍回来后说："我不喜欢瑞瑞，不想跟他玩。"

回应一："不要这样说小朋友。"然后给孩子讲道理，告诉孩子该怎么跟小朋友好好相处，出问题后应该怎么解决。或者"为什么呀？发生了什么事？"然后根据孩子说的情况再给孩子分析该怎么处理。

这是就事论事地跟孩子交流。因为父母认为，孩子需要的就是解决方案，那父母就应该温柔地给孩子分析事情，耐着性子跟孩子讲道理，把道理讲得让孩子容易听懂。可是孩子会乖乖听道理然后照做吗？从短期来看，孩子有的时候可能会听，但更多情况下孩子根本不会听；而从长期来看，等孩子长大一点以后，孩子就会嫌父母唠叨，或者干脆不再把这些话告诉父母了，再或者孩子会很叛逆，父母说什么就反对什么。

回应二："听起来你生他的气了。"或者"你是不是很伤心/委屈？"

这是用反射式倾听回应孩子话语背后表达的感受。听到妈妈对他表示理解，孩子更容易主动说出事情的经过以及自己的想法，妈妈也就更容易帮助孩子思考该如何去解决。而且，这样的交流让孩子更信任妈妈，增进亲子关系。

(4)孩子都会问父母的一个问题："你为什么要去上班？"

回应一："我不去上班，就没有钱给你买玩具、买好吃的。"或者"因为我喜欢去上班呀。"

从字面意思理解这个问题是一个比较难回答的问题，因为凭孩子的理解程度和生活阅历是无法真正理解"上班"这个概念的。所以遇到这样的问题，大人们往往会为孩子"编"一个看似好理解，其实很片面甚至虚假的理由。

回应二："哦，你正在想这个问题？是想问妈妈/爸爸可不可以不去上班，陪你玩是吗？你很想我能多陪你玩对吗？"

当父母不急于找最佳答案的时候，才能将孩子作为中心，而不是将问题作为中心，这种回答假定孩子对"为什么要上班"这个问题是有自己想法的，是想跟父母进行讨论的，而并不是单纯想得到一个答案，只不过孩子不知道或还没意识到自己真正想问的问题是什么。那么，这种回答就开启了一场对孩子来说真正有意义的亲子交流，能真正让孩子得到理解、尊重以及帮助。

(5)爸爸工作忙离家早，孩子早早起来守着爸爸。

回应一："爸爸上班很快就会回来，你乖乖玩你的，那么多玩具多好玩呀。"

回应二："你是不是害怕爸爸走了很久都不回来？所以你这么早起来，想让爸爸多陪你一会儿？"

哪一种回应更能让孩子安心呢？无论哪种回应，爸爸都不可能满足孩子，一直陪着他。第一种回应只是假装问题不存在，这不仅没用，而且还让孩子感到与爸爸处在不同的情感频道。第二种回应及时回应了孩子当时的心理需求，他就是舍不得爸爸，害怕爸爸要过很久才回来。孩子的这种内心感受得到了爸爸的关注和回应，孩子就会感到被理解、被关注。即使爸爸无法满足孩子的需要，也可以让孩子感到自己的需要被爸爸看见了，从而给孩子足够的安全感和安慰。

2. 如何找到孩子的感受

可能很多父母已经发现，理解孩子并不容易。即使有反射式倾听的基本模板，我们要把它真正运用到生活中也并不是件容易的事。

有一个很常见的问题是："我找不到孩子的感受。"确实，寻找孩子的感受，有的时候很容易，但有的时候要困难一些。这里我给出一些方法：首先，我们可以记住比较常用的、表示情感的词，比如：伤心、开心、自豪、委屈、失望、尴尬、烦躁、被忽视、害怕、孤独等；其次，了解自己就是了解他人，了解他人就是了解自己。所以，找不到孩子感受的父母往往也找不到自己的感觉，那么，父母们可以先多多练习找到自己的感受。当然，这需要时间和耐心。

还有的父母说："我怕我猜的孩子的感受不对。"其实不用担心。没有人能完全做到"感同身受"，实际上，在反射式倾听中，真正增进孩子对父母信任的，不完全是"父母找到孩子的感受"，还有让孩子体会到父母在努力理解自己的内心感受。所以，只要孩子体会到父母的关心，即便父母猜得不完全对，孩子也会告诉父母自己真实的感受。

3. 更多方法

除了反射式倾听，下面的方法也可以帮助父母在交流中体会到孩子的感受。

（1）父母不要总是直接把"为什么"的问题扔给孩子。在大人看来，"为什么、有什么理由"是个简单的问题，答案就在大脑中，只要说出来就可以。但其实，要理解和回答这个问题，不仅需要孩子拥有很好的抽象逻辑思维能力，还需要孩子有对自己感受、想法的充分认识以及良好的情绪管理能力等。而孩子大脑的发展规律决定了他们的抽象逻辑思维要等到 12 岁前后才能开始充分发展，然后要经过青春期的发展才能真正达到成人的水平。孩子对自己的感受和想法的认识、对自己情绪的管理能力也不是随年龄增长自然成熟的。如果没有良好的环境影响和训练，这种能力就不会很强。因此，孩子在回答"为什么"这类问题的时候，经常需要父母的帮助。

（2）父母要通过多回合的问答帮助孩子整理思路。在一问一答中，父母其实在帮孩子把模糊混沌的感受用语言明晰起来，以及把关于一件事情的多重想法进行整理，这样相当于父母帮助孩子去探索对某一个问题的想法，父母不仅可以得到孩子对问题的答案，同时还增强了亲子关系，培养了孩子的能力。

（3）在与孩子交流中，父母不要从笼统的问题切入，而要问一些具体的问题，最好可以是孩子有兴趣聊的问题。你接孩子放学，问他"今天过得怎么样？"不如问："今天下午的体育课老师有罚哪位同学跑步吗？""今天课间休息的时候你们去操场玩了吗？""今天你的好朋友××来了吗/跟你一起吃饭了吗?"这样的问题孩子回答起来很轻松,也愿意和父母倾诉,还让孩子获得了交流的主动权,从而增加孩子述说的意愿。

(4)当孩子讲述某件事的时候,父母应尽量避免将注意力全都放在对孩子的行为、想法进行对错指正上,因为这样很容易让孩子感到不安全而闭口不答,而应当要通过回应孩子的感受来鼓励孩子继续表达。比如,如果孩子说:"今天老师批评我了。"父母不要马上说:"那你肯定是有什么地方做错了吧!",或者"老师为什么批评你?",而要先回应孩子:"你心里很难受吗?"行为总有对错,但感受没有对错。这样的回应会让孩子感到被父母关心,很可能就会在表达自己感受的同时说出事情的原委和更多信息。不管孩子的行为有多错误,如果孩子的感受没有得到理解,那基本就不会真心改变自己的行为。

(5)多问开放式的问题,少问可以用"是"或"不是"回答的单项选择题。

(6)父母不要认为自己能完全理解孩子的话,而要经常抓住孩子话中的关键词进行询问。比如,你听到孩子说"我们老师特别不公平",不要马上教孩子"世界上哪有那么多公平",或者评价孩子的话"这样说老师不对",再或者条件反射式地回应给孩子一个笼统的问题"老师怎么不公平了",而要抓住孩子话中的关键词"不公平",顺着孩子的意思问下去:"哦? 你说的不公平是什么意思?"

四、走出理解孩子感受的误区

1. 放下我们的自以为是

理解孩子并不是那么容易。很多时候,我们并没有真正理解孩子,却自以为理解了。

比如,我们怎么理解孩子问这样的问题:"人为什么会死?"这个问题只有六个字,看似非常容易理解,很多父母会马上认真考虑如何在自己的知识结构中挑选适合告诉孩子的答案。但是,孩子真正想问的是不是就是这六个字的字面意思呢?他是像个成年人一样了解死亡的科学真相?还是其他……我们这么去思考的时候,就会发现急于给出评判和解决方案,是建立在不去理解孩子的基础上。

比如,孩子从学校回来后说:"今天下课的时候,××同学碰到我了,可是他没有跟我说对不起。"孩子这句话真正想表达的是什么?至少在与孩子交流前我们不能确定。所以,"你是后悔当时没让他道歉还是害怕他"这样的话比"没关系""以后不能让人随便欺负你"这样的话对孩子的作用更大。

写到这里,我想起一位朋友曾经告诉我他小时候的一件事:"我中学的时候是从乡村考到县城。到了学校,跟同学聊不到一块儿,我感觉他们孤立我,有点伤心。周末回到家后,我就问我妈'人活着是为了什么?'"他在问妈妈这个问题的时候,隐藏着自己的经历、感受、想法,而妈妈在理解这个问题时也会带着自己的经历、感受、想法去理解。所以如果不从这些方面去交流,而只就这个问题的字面意思去回复孩子,孩子就很可能感到父母无法理解自己。

2. 理解的目标不是为了让孩子听话

有的父母会遇到这样的问题:我对孩子的理解在孩子那里得不到回应,对孩子没有用。发生这样问题的常见原因,就是父母只把这种理解当作一个工具、一个过渡、一个"套路"。理解孩子的感受不是为了引导孩子的感受,也不是为了让孩子配合父母。理解也不是止疼药、镇静剂。不要认为只要对孩子说"我知道你现在很想玩,让你走你不高兴",就能让孩子乖乖地、开开心心地听话。

如果父母在理解孩子感受的时候,抱着引导孩子情绪的目的,就会期待孩子从不好的情绪中走出来。父母一旦发现共情、安慰、转移注意力并没有让孩子的情绪变得好起来,就会不知所措,转而变得烦躁,甚至开始埋怨孩子。这就跟理解和回应孩子感受的初衷背道而驰了。

理解和回应孩子的感受,是关注当下的。父母要告诉孩子的是"我理解你的感受,我尊重你的感受,我很想了解你的内心",而不要向孩子传达"我要来解决你的伤心、你的失落、你的孤单"。伤心、失落、孤单,是孩子成长的一部分,是他们需要学着去解决的问题。相反,父母越是想引导孩子的情绪,这种关注和陪伴越没有用。

写到这儿,我想说一说安慰犬的故事。

我们都知道,受到巨大心理创伤的人,往往会陷在巨大的伤痛中,无法跟外界互动,外界也就无法帮助他们。这时,安慰犬就成了很有效的帮手。这些天性安静温顺的狗经过训练后,来到内心伤痛以至于无法言语的人们身边,只是一动不动地待在他们身边,用自己的存在去陪伴他们。它们无法用言语与人交流,也无法为人提出解决方案。可是,在这种不需要言语、没有压力的陪伴下,那些本来拒绝与外界互动的人,开始流泪,开始诉说内心的痛苦。虽然,这些安慰犬根本无法帮助这些内心无比伤痛的人解决任何实际的问题,但它们成功地与这些人建立了心理上的联系,让他们开始面对自己的问题。这就是解决问题的开始。

所以,理解和回应孩子的感受最需要的是真诚,要发自内心地去感受孩子的感受,而不只是作为一种解决问题的"套路"和形式。当父母无法用心体会孩子感受的时候,不要强迫自己去理解和回应孩子的感受,可以诚实地告诉孩子"我很想了解你的感受,但我现在无法做到,等我有时间我会很愿意听你说"。而不要一边说着"我知道你很难受",一边着急让孩子赶紧擦干眼泪。

3. 不要过度共情

共情是一种情感联结。但情感联结有很多方式,共情是其中比较强烈的一种。

孩子也需要心理上的独处,所以父母对孩子内心的过度关注反而会给孩子带来负担和困扰。

有时候,让孩子哭一哭,发发呆,玩得忘记周围环境,对孩子来说并不是坏事。

有时候,孩子只需要得到父母的注意。比如,孩子兴冲冲地从外面回到家,告诉父母在外面遇到了什么、经历了什么。这时,孩子只需要知道父母对自己的经历是感兴趣的。所以,当孩子跟父母说话的时候,如果孩子的情绪就是日常表现的那样,父母一般只要放下手里的工作,用眼睛注视孩子,身体朝向孩子,就能给到孩子他需要的情感联结。然后,用充满兴趣的"哦、噢、是这样啊、再给我讲讲"这些简单的词和句子回应孩子就可以了。如果这时父母实在没有时间,可以这样跟孩子说"我现在没有时间,但我很想听你给我讲你的事,等我过五分钟把现在在做的事做完后就来听你讲",孩子一样可以得到他所需要的关注。

有时候,孩子的情绪表现得特别强烈,既不想诉说,又不想听到别人的安慰。这时,真正强有力的情感联结不是反射式倾听,而是沉默的陪伴。这种无言的陪伴是一种深度的接受。被另一个人默默地接受,具有非凡的疗愈作用。

所以,在日常生活中使用反射式倾听时需要注意,既要十分关注孩子的感受和想法,又不能用力过猛,因为在不同的情况下,孩子对情感联结的需求是不同的。

本节关键点

父母对孩子来说,最重要的是提供情感联结,而不是帮孩子解决所有的问题。把帮孩子解决所有的问题作为亲子交流的最主要目标,是很多亲子交流出现问题的原因。父母以为孩子最需要的是事情得到解决,其实孩子最需要的是父母理解自己的感受,回应自己的感受。反射式倾听就能起到这样的作用。反射式倾听的本质是,在交流中不自以为是、以人为本、放下评判。它能让我们在与孩子的对话中,慢慢不再凡事先问"为什么",不再每件事都对孩子讲道理说方法,不再总是对孩子进行教导和评判。只有这样,孩子才会真正信任父母,才会愿意说出心里话,也才会看到和发挥自己的主动性,学着自己解决问题。孩子独立的思考能力和自信正是在这些日常的普通对话中慢慢萌芽和成长起来的。不仅如此,这样的对话也可以帮助孩子认识自己的情绪、表达自己的情绪、管理自己的情绪。假以时日,孩子就能成长为真性情,又不随便发脾气的高情商孩子。因此,反射式倾听其实不只是一种交流技巧,更是一种训练方法。

第三节　不用对错评判孩子的情感

人们显示在外的各不相同，隐藏在内的则彼此相似。

——保罗·瓦莱里

理解孩子的感受，说起来容易做起来难。尤其是当孩子愤怒、难过的时候，这些情绪很容易让父母觉得"这是错误的"，想去帮孩子纠正。

一、当孩子愤怒时，理解他的感受有用吗

我们的传统观念是"愤怒是不对的"，所以要理解和接受孩子的愤怒让很多父母难以接受。关键是，"你是不是很愤怒"这样的话对孩子有用吗？

1. 愤怒是一种衍生情绪

确实，愤怒是一种让他人很不舒服的情绪，很容易引起不好的行为，造成不良的后果。而且，对正在发怒的孩子说"你看起来很愤怒"是没有用的。那是不是说反射式倾听对愤怒就失去作用了呢？并不是。要理解这点就要讲到衍生情绪，愤怒很多时候是一种衍生情绪。

我先来讲一件发生在我身上的、有关愤怒的事情。

有一次下着大雨，我开车走在北京的五环路上。因为当时赶着去一个地方，我把车速提升到了限速的上限。忽然，一辆黑色的车从我旁边飞驰着超了过去，我立刻想到它超速了。紧接着，它的轮子溅

起一个巨大的水幕泼在我车的挡风玻璃上,完全遮住了我的视线。我条件反射地踩下刹车,但几乎同时我又把踩刹车的脚抬了起来。因为我突然想到,我的前面是一辆大卡车,那我的后面是辆什么车呢?我踩急刹车会不会让后面的车来不及刹车而撞上来?虽然这一切只是发生在眨眼之间,但我觉得时间停滞了好几秒。当眼前的水幕落下去之后,我感到很愤怒,想追上那辆车,不过我很快就意识到了自己的愤怒。于是,我打开收音机,听着舒缓的音乐,没过一会儿,我的愤怒便离我而去了。

在这个过程中,我的情绪是什么?只是愤怒吗?

最初是害怕和紧张。它们来得非常迅速,比我任何的思考都要快。在那一瞬间,我并没有愤怒,促使我当时想马上踩下刹车的情绪只是害怕和紧张。这样的害怕和紧张就是原始情绪。原始情绪就是指不经过思考,依靠本能产生的情绪。这种情绪会让我们本能地采取一些行动。同时,这种情绪也不会因为我们事后的思考而改变,即使再来一遍,我还是会产生同样的害怕和紧张。这就是原始情绪的特点。

然后才是愤怒。它是我一闪念之后的情绪。在这一闪念中,我认为那辆车超速了,是鲁莽的、不顾及他人安危的、不道德的。而且,这一闪念中也混杂着我的自责和后悔——我不应该在下雨天开得那么快,而这种自责和后悔又让我更想找到一个理由来合理地转移这种后悔和自责。于是,我的害怕、紧张、后悔、自责,还有我的"道德观",让我产生了对那辆车的愤怒。这种建立在其他情绪和观点之上的情绪就叫衍生情绪。

2. 如何应对孩子的愤怒

既然衍生情绪是建立在观点之上的,那如果观点改变了,情绪就会随之改变。假设我知道这辆车之所以会开这么快，是因为车上有一个生命危在旦夕的小女孩，如果不及时送到医院就会有生命危险。那我对于这辆车的感受和看法就会产生变化，就会有更多的谅解，我就不会愤怒了。因此，衍生情绪跟原始情绪不一样，衍生情绪是可以改变的，会随着我们观点的改变而改变。这也是衍生情绪的特点。

另外，关于愤怒我们还需要知道一点——愤怒是最难控制的情绪之一。人们感到愤怒的时候，会分泌肾上腺素，并且可能持续数小时甚至好几天。这会让人处在兴奋状态之中，难以平静下来。因为，愤怒本来就是人的情感处理系统在遇到危险和威胁时做出的反应，以让人做好战斗的准备。特别是在暴怒中，人的认知能力会发生障碍，人很难正常思考。

所以，父母在发现孩子有烦躁表现的时候，越早地跟孩子交流，越能尽快舒缓他们的情绪，平息他们的怒火。如果孩子已经被激怒到一定程度，就很难听得进其他人的话了。这时，对孩子来说更有效的应对方式是，离开引起愤怒的环境，等待肾上腺素的逐渐消失。比如，带孩子去安静的地方散散步，也可以用看电影等方式来转移孩子的注意力。这样既让孩子的激素水平恢复到正常，又让孩子减少会导致他愤怒的想法。

有的家长会让孩子去"发泄愤怒"，这样做对吗？心理学的研究已经发现，发泄愤怒并不能真正减少愤怒，甚至会增加愤怒。

等孩子平静下来，我们再用反射式倾听来帮助孩子管理自己的情绪。这时我们要记住，只有我们找到隐藏在愤怒后面的原始情绪和观点，才能让孩子感到我们的理解。

愤怒背后的原始情绪，常见的有无助、被伤害、害怕、被忽视等这些不容易被自己接受的消极情绪。所以,父母跟孩子交流的应该是这些情绪,比如"你是觉得很委屈吧",而不是"你很愤怒"。

总之,愤怒其实跟其他情绪一样,本身没有对错之分,它只是一个信息的处理过程和结果。我们需要控制的是愤怒引起的不良行为,而不是愤怒本身。

二、"你很难过吧",会不会让孩子更难过或陷在难过中

这种担心很正常,但事实与它正好相反。就像上面说的那样,情绪的主要作用是信息传递。而反射式倾听的本质就是像镜子一样映射出孩子的感受,帮助孩子看到自己的情绪。当你对孩子说"你很难过"这句话时,既表示你看到了他的难过,也帮助他看到自己的难过。一旦情绪被看到了,它的信息就被接收到了,情绪的任务就完成了,它就更容易消散。所以,看到陷入悲痛的人,人们常说"哭出来就好了"。这就是为什么对孩子说"你很难过吧"并不会让孩子更难过,更长时间地陷在难过中,反而会帮助孩子更容易平静下来。

在这一点上,奥斯卡获奖动画片"头脑特工队"这部讲述情绪的影片中,有一个片段做了精彩的示范。剧中的小象因为看到对自己很重要的小推车被扔下悬崖而非常伤心。这时代表开心快乐情绪的"乐乐"试图用转移注意力、扮鬼脸、挠痒痒来让小象开心起来,就像很多父母在孩子伤心难过时所做的一样,但小象依然开心不起来。而代表忧伤难过情绪的"忧忧"则只是安静地坐到小象旁边,说:"他们扔掉了你的小车,他们夺走了你心爱的东西,它永远不在了。"没想到,小象开始诉说:"这是我唯一留下的纪念。"忧忧理解地说:"我想你们一定有很多精彩的冒险。"小象立刻接着说:"真是太精彩了。有一次……"忧忧还是认真地听:"听起来真是太精彩了。莱莉一定很

开心。"这句话让小象终于哭了出来："她很喜欢，我们是最好的朋友。"忧忧同情地看着小象说："真让人难过呀。"小象抱着忧忧大哭起来。乐乐在一旁看着很担心。但小象哭完以后就擦干眼泪，振作起来说："我现在没事了。"然后指着前方说："我们应该往这边走。"乐乐不解地问忧忧："你怎么让他振作起来的？"忧忧说："我也不知道。他很难过，我就听他说。"忧忧用的不正是"你很难过吧？"这样的反射式倾听吗？

为什么我们会本能地不敢回应孩子伤心难过的情绪呢？最大的原因是我们从小就接受了一种传统的看法：消极情绪是不好的，最好的应对方法是尽量避免和减少它们。所以，一看到孩子不开心，很多父母就心里发慌、难受，总是想方设法地让孩子开心起来。但我们忘了，想让孩子一直开开心心是一个多么不现实且违反自然的期盼啊。

在《如何说孩子才会听，怎么听孩子才肯说》里，一位妈妈是这么反思的：

"我现在才意识到我为自己加了多少不必要的压力——想要让孩子永远都是高高兴兴的。有一次为了怕我四岁的孩子哭，我竟然试着用胶带把破碎的饼干粘起来，这是我首次感到自己已经到了多么荒唐可笑的地步。我同时也认识到这样做给孩子带来了多大的负担。想想看！孩子不仅要为他们原有的问题而伤心，现在又看到我因为他们的痛苦而受苦，孩子们岂不是要更加伤心？我母亲以前也是这样对我，我记得我感到非常内疚，好像不能让自己永远高高兴兴的是个天大的过错。"

确实，在孩子不开心的时候，父母如果急于去哄孩子、骂孩子、给孩子讲道理，"不要害怕""开心点，积极点""不要去想那些不开心的事情""有什么好难过的""勇敢些"……其实是在告诉孩子："你这样的情绪是不对的,要赶紧摆脱这种情绪,变得开心起来。"孩子如果接收了这种信息,就很难学会接受自己的感受,很难学会管理自己的情绪。只有当孩子知道,不开心并不是什么错,才不会掩饰自己的感受,才会把心里话告诉父母。而且,只有不抑制自己的感受,他们的情感世界才会丰富,才不会逐渐变得麻木。

孩子有不开心和不高兴的权利。不开心的感受提醒我们,对我们不好的事情发生了,促使我们去分析、去改变。如果一个孩子只要不开心就觉得自己不对,或者一不开心就总是被阻止,被父母教育"不开心是不好的",那孩子就无法灵活地与周围环境发生互动,无法很好地适应周围环境。作为父母,我们有责任保护孩子这种不开心的权利,让他们正常地成长。

如果觉得这做起来很难,那不妨问自己这样一个问题:"我是希望孩子在我身边的时候,能陪伴她学着处理伤心、难过,还是希望孩子以后独自一人时,才发现自己必须手足无措地面对伤心、难过?"

三、当孩子说"我恨你"的时候,怎么理解孩子

说到人们的情感,我们都听过这样的词:百感交集、爱恨交加、又爱又恨,这说明人的情绪是非常复杂和微妙的。很多时候,我们在某一个时刻会感受到多种情绪的同时存在,甚至有对立的情绪同时存在。但要意识到和接受情绪的这种复杂、矛盾,并不是那么容易的事,尤其是当自己的孩子对自己表达出恨意时。

比如,当孩子在游乐园玩得不亦乐乎时,妈妈说"我们必须回家了"。孩子无计可施,最后就对妈妈叫道:"妈妈最讨厌,我恨你!"

再比如,当弟弟把哥哥心爱的玩具弄坏时,哥哥伤心痛哭,爸爸在一旁劝解"弟弟不是故意的",可哥哥一点都不能接受,大声喊道

"弟弟讨厌，我恨弟弟！"

这种时候，父母的内心往往充满了恐惧——为什么我的孩子内心这么没有爱心，对家人都会如此仇恨？于是，父母教育孩子："你是爱妈妈的，你是爱弟弟的，你不恨妈妈，也不恨弟弟。"

其实，孩子对父母、家人的爱是真实的，对父母、家人的怨、恨、讨厌，也是真实的。这才是真实的情感。我们应该让孩子知道，这样对立的情感是正常的。

我们不会因为有爱，就没有恨；也不会因为有恨，就没有爱。智慧的父母会坦然接受这种矛盾而丰富的情感，因为这就是真实的人生。即使面对最亲的人，我们也可能会产生恼怒、怨恨。这跟一个人是不是好人、是不是有道德的人都没有关系。它们都是正常的情感。一个真正的亲密关系可以承受这些正常的又爱又恨的矛盾情绪，因为这个关系对"爱能包容恨"有足够的信心。

如果孩子在与父母的关系里，不敢承认自己的恼怒、怨恨，那这个关系可以说并不是真正的亲密。而如果孩子能放心地说出自己的抱怨、怨恨，那说明他足够相信父母对他的爱。真实的情感不会因为自己被认为是错误的就消失，它们是孩子真实自我的一部分。父母教他们认识和接受全部的真实情感，就是教他们认识全部的真实自我。

如果我们不能理解和接受孩子矛盾情感的全部，而只接受其中一部分，那当孩子产生了对父母的怨恨时，就可能认为自己这种情感是错误的，孩子就会产生羞愧、内疚和焦虑。

不仅如此，对小孩子来说，当他感到"我恨弟弟"的时候，如果父母告诉他"你不恨弟弟，你爱弟弟"的时候，孩子会感到非常困惑并坚决反对。因为儿童发展心理学家发现，在七八岁之前，孩子的心理和认知发展决定了他们还没有能力理解,自己对同一个人可以在同一个时刻产生完全相反的情感。所以,小孩子认为一个人在爱着一个人的同时,又恨着这个人,是不可能的事。

那么这种时候,父母可以说"弟弟把你的玩具弄坏了,你生他的气了",等他稍微平静一些,再告诉他"你有的时候很爱弟弟,有的时候又很讨厌他,对吧?"这样才能帮助孩子很好地认识到自己全部的情感,而不是感到自己有些情感是可以被接受的,有些情感是不能被接受的。

同样地,当听到孩子说"我恨你"的时候,父母不必恐慌和失落。这只是孩子的心理和认知能力还没达到,他其实只是在说"我现在恨你,所以我现在无法爱你"。

这种时候,父母可以忽略孩子的话,也可以平静地告诉孩子:"我能看出来你很生气。你现在很讨厌我,因为我不让你做你想做的事情。当妈妈给你好东西,让你做你想做的事情时,你又爱妈妈。这很正常。但妈妈现在还是无法答应你。"

或者,你也可以这样说:"我不让你做你想做的事情,你很生气、很伤心。但你说恨我的时候,我也很生气、很伤心。"

在孩子平静的时候,父母也可以跟孩子讨论,当自己想说"我恨你"的时候,还可以用其他什么词代替——这个词既可以让妈妈爸爸知道他生气了,又不会让妈妈爸爸伤心。这样做,既表示父母对孩子情绪的全部理解和接受,又教会孩子如何表达自己的真实情感。

四、理解了孩子之后怎么办

理解了孩子之后呢?不管父母怎么理解,孩子就是想要达到某种目标,又该怎么办呢?

比如下面这段对话：

孩子：我想有一个跟童童一模一样的大飞机。

妈妈：可是你已经有好多飞机了，每次买了你玩几天就不玩了。不能再买了，再买就浪费了。

孩子：不，我不要，我就要大飞机。

妈妈：你这就是不讲道理了，我不会给你买的。

孩子：(开始大哭)我就要……

遇到这种情况，父母该怎么办呢？

有一个方法就是父母可以跟孩子一起想象。这是因为孩子的哭闹很多时候并不在于需求没有得到满足，而是在于需求没有被认可。人们总是认为欲望只有在现实中被满足才会有所消减，其实欲望很多时候在被人看到、被人认可以后就会消减。所以，在孩子想达到某个目标的时候，父母即使不能在现实中满足孩子，也可以跟孩子一起用想象说出他的愿望。父母用想象来表示自己对孩子的需要的认真对待，就能帮助孩子为接受现实做好准备。

在《孩子把你的手给我》中，有这样一个例子，就是使用这个方法：

"许多年前，我去参观一所小学，我给孩子们吹口琴，当我吹完之后，一个孩子站起来，走到我跟前说：'我想要你的口琴。'我原本可以这样回答：'不，我不能给你我的口琴，我只有这一个口琴，我自己也需要它，而且这是我哥哥送给我的。'如果我这样回答，孩子可能会觉得遭到拒绝，愉快的节日氛围情绪可能会被破坏。于是我没有这样说，而是同意在想象中我可以给他现实中我无法送给他的东西，我说：'我多希望我有一个口琴可以送给你啊！'另一个孩子走过来提了同样的要求，于是我回答说：'我多希望我有两个口琴可以送啊！'最后,所有 26 个孩子都涌过来了,我只有不断增加数字,最后一句话是'我多希望我有 26 个口琴,送给你们每人一个。'最后这好像变成了一个孩子们都玩得很开心的游戏。"

很多时候,孩子更在乎的是自己的需要被认真对待。所以,父母在无法满足孩子需要的时候,真诚地用想象表示自己理解孩子的愿望其实比给孩子讲道理更有效。因为用想象说出孩子的愿望,比给孩子讲道理,更能让孩子感到自己的需要被认真对待了。

我们可以把这个方法用到很多场景,比如,孩子不想上幼儿园时:

孩子:我不想上幼儿园。

妈妈:想到上幼儿园你就不开心吧?

孩子:嗯。

妈妈:如果能在家跟妈妈玩就好了。

孩子:是啊,那就太好啦。

妈妈:我一想到能跟你在家玩一整天,我也很开心。我都忍不住去想我们要玩什么。

孩子:我要玩……

妈妈:听起来真不错啊,还有什么呢?

孩子:我还要玩……

妈妈:我一会儿到了公司,要做的第一件事就是把你刚才说的事记在纸上,等周末的时候跟我的宝宝一起玩。你一会儿也把你刚才说的内容画在纸上,晚上带回家给我看,好吗? 我都等不及要看呢。(妈妈发自内心的期待会收到最好的效果)

孩子:好呀!

妈妈:那现在是我来帮你穿鞋,还是你自己穿鞋? 如果你快点穿好鞋,妈妈就还有时间送你去幼儿园。

不过,我们需要注意的是,这个方法的本质是为了让孩子感受到你对他愿望、感受的重视,由此让他产生力量去自我克制。所以,不要将它用来"欺骗"孩子。如果孩子发现你说的话,就是为了避免现在答应他的要求,其实并没有真正准备做到你说的,那孩子渐渐就会不相信你了。所以,你在跟孩子想象他的需求被满足的时候,你一定要真诚地感受到自己愿意满足孩子的那个点。

关于满足孩子的情感需要就先写到这里,下一章我们来聊聊理解孩子之后需要做的一项很重要的任务,即约束孩子的行为。

本节关键点

要真正做到理解孩子,需要我们具备这样的态度:

第一,我们真正对孩子的内心感兴趣;

第二,我们真正认为他们跟我们是不同的人,有着不同的感受和想法;

第三,我们真正相信孩子有能力为自己的问题寻找答案;

第四,我们真正接受他们的情绪,哪怕是让我们担心、害怕的情绪。

第五章

管理孩子的行为

如果不从适应社会的角度进行讨论，家庭教育就失去了意义。而一个适应社会的人必是一个行为得体的人，这一点显而易见。但形成得体行为的能力并非随着孩子的成长自然会出现，这一点容易被忽视。这一章我们就来聊聊如何培养孩子得体的行为，也就是回答父母对孩子的行为管不管、怎么管这两个问题。

第一节　孩子年龄特点导致的"问题行为"

凡是值得知道的，没有一个是能够教会的。

——王尔德

管理孩子的行为不是一件容易的事。这一节我们先来讨论由年龄特点导致的"问题行为"。

一、由年龄特点导致的"问题行为"

下面，我们先来看几个日常生活中常见的例子：

第一个例子：

妈妈正在喂九个月大的宝宝吃水果泥，随手给他手边放了几个玩具以便分散他的注意力。可是宝宝总是将玩具一样一样地扔出去。妈妈一边嘴里埋怨着，一边将它们捡起来。然后宝宝又一样一样扔出去，妈妈火更大了。不过宝宝饶有兴趣地观察了一下妈妈的脸，又高兴地扔起玩具。妈妈的"恐吓"起不了任何作用。宝宝继续边吃边玩，兴致勃勃，乐此不疲。

第二个例子：

妈妈带一岁多的多多到楼下跟其他小朋友玩，多多带着她心爱的布娃娃。比多多大几个月的琪琪看见了多多的布娃娃，就伸手去抢。多多连忙用一只手将布娃娃藏到身后，用另一只手去打琪琪。妈妈见此情景，就对多多说："小朋友要大方，琪琪要玩就给她玩嘛。"可是多多拼命护着自己的布娃娃，哭着说："我的，我的。"妈妈接着说："这孩子怎么这么自私。"多多像什么都没听见似的，只是保护着心爱的布娃娃。

第三个例子：

两岁的佳佳跟爸爸妈妈来到酒店参加小舅的婚礼。在酒店里，佳佳玩得很高兴，叔叔阿姨都给她糖吃，还有小朋友跟她玩。可是，到婚礼的最后部分，佳佳却不停地哭闹起来，妈妈怎么哄都不行，让爸爸妈妈很是尴尬。

第四个例子：

小麦的好脾气到两岁半突然消失了，常常出现上一秒还很开心，下一秒就因为一些小事突然哭闹不止的行为,讲道理不听,哄不听,骂不听,打也不听。

第五个例子:

三岁的小刚在幼儿园又打人了。妈妈给他讲了很多道理后,小刚说:"妈妈,打人不对,我明天要给那个小朋友道歉,我再也不打人了。"妈妈欣慰地笑了。可才过了一天,小刚的"老毛病"就又犯了。妈妈生气地对他说:"你不是答应妈妈不打人了吗?"

第六个例子:

五岁的扬扬和要好的小朋友老是喜欢说一些"屁股""放屁"之类的词,有时还互相撺掇在大人面前说这些话,当然会惹得大人骂他们两句,他们却高兴地哈哈大笑。妈妈也曾经平和地告诫扬扬这些是不好的词,不能当众说,可怎么也阻止不了他这令人讨厌的行为。

上面的这些行为虽然都影响到他人,但都是由孩子年龄特点造成的。

二、这些行为背后的原因

在第一个例子里,不到一岁的宝宝为什么会做出让妈妈抓狂的行为?是为了故意激怒妈妈吗?当然不是,因为要故意激怒妈妈,宝宝必须事先设想自己的行为会有什么后果,再设计自己的行为。对于这么小的宝宝,他们未成熟的大脑还承担不起这样的任务。所以,例子中的宝宝并不是在故意逗妈妈玩,可能是想知道"如果我用手将它扔出去会有什么结果"?但在这个年龄,宝宝还没有能力用逻辑推理来得到结果,于是他唯一可以用的方法就是尝试和观察。即使是搞清楚其他人对自己的行为会做出什么反应,宝宝也只能用行动来寻找答案。所以，妈妈说"不许扔了，再扔就打你了"是没有用的。我们都曾经有过这样的经历——尽管你威胁孩子不许扔东西，可是孩子就是会一边看着你，一边将东西扔出去。这是因为宝宝没有能力仅仅通过思考就能预测他的行为会产生的后果。

在第二个例子里，如果认为孩子是缩小版的成人，那多多的这种行为可以贴上"自私"的标签。不过，如果我们承认孩子的发展规律，认为孩子是未成年的生命，那就会得出不一样的结论。

一岁多的孩子确实会以自我为中心，但这种自我中心是因为孩子在这个年龄还没有能力从别人的角度感受世界。这种自我中心并不等于故意无视他人的需要和感受而形成的自私思想。这种自我中心会在孩子的整个幼年时期一直存在，甚至到了学龄前，孩子都难以理解和接受"这个世界不是以我为中心的"这一观念。所以，在这一阶段，父母不必把自我中心的认知问题与孩子的道德问题联系起来。

同时，一岁多的孩子正处于自我意识萌芽的阶段。他们的任务是极力保护关于"我"的一切，来证明自己是一个有能力、有需要的独立的个体。我们在前面讲到，小孩子在没有建立社会自我和精神自我之前，只能用自己拥有的东西来构建自我。所以，在构建起自我之前，孩子怎么会明白"我的东西"要分享给别人才是无私的这种道理呢？

另外，一岁多的孩子还不能自如地用语言表达自己的意愿和想法，行动仍然是他们交流的主要方式。而且，当别人抢走自己的玩具时，被抢的孩子也许会以为这个玩具就不属于自己了，这种恐惧会激发孩子的冲动，而孩子控制冲动的能力还没有发展起来。同时，他们也还没有足够的社会经验来为自己提供处理这类问题的技巧。

以上种种原因告诉我们,多多这种行为只是一个一岁多的孩子在以自己的方式保护自己。

在第三个例子里,佳佳才两岁,她的大脑对刺激的承受能力还很有限,在婚礼上长时间的兴奋使得她无法让自己冷静下来,就会开始哭闹。妈妈爸爸希望她能一直保持情绪平稳,是对她能力的高估。

在第四个例子里,孩子的行为就是众所周知的"可怕的两岁"对应的行为。这样的行为正好说明她发育得很正常。她急切地想向他人证明自己是独立的人。另一方面,虽然她的运动能力和语言能力比以前有了很大进步,但她的能力毕竟有限,有很多事情她还做不了。所以,反对父母的意见就成了显示自己的能力和独立的最好工具,也是她最主要的"工作"。孩子出现这样的"不当行为"是他们现有能力无法避免的。

在第五个例子里,因为学龄前孩子大脑还没有发展成熟,尤其是负责控制冲动的前额皮质还没发育好,所以,父母期待这个阶段的孩子遵守自己的诺言是不切实际的。另外,孩子的道德发展也还没成熟,他们的是非标准跟成人不一样。所以他们向父母许下诺言,主要目的是讨好父母,争取让父母夸奖自己是个好孩子,而不是真的像大人一样认识到为什么自己的行为是错的。

在第六个例子里,这种行为对大人来说确实是无聊的,但对这个年龄的孩子来说非常正常。从幼儿园中大班开始,也就是四五岁开始,孩子们开始对人的身体表现出浓厚的兴趣,他们也开始知道身体的某些部分是私密的,如果他们谈论这些部位,甚至展示这些部位,大人和其他大一点的孩子就会大笑或显得尴尬。我们前面说过,学龄前的孩子是通过做来了解周围环境的,所以他们会找出各种方法来试验，比如自己要说多久这样的词才会让爸爸妈妈失去冷静或者显得尴尬。同时，孩子不是缩小版的成人，他们对幽默的理解和大人是不一样的，他们还无法掌握类似"逗你玩"这样在微妙之间享受幽默的艺术，而只能懂得对于大人来说过于简单的笑话。想想看，也许在一个五岁孩子的小脑袋里，类似"屁股"的话真的很好玩。尤其是，在看到自己的话让大人既惊讶又尴尬（在任何年龄，惊讶、尴尬都是幽默的一个常见元素），可想而知他们有多快乐！

上面只是孩子年龄导致的"问题行为"中的几个例子而已。在第一部分里，我们已经看到孩子在成长过程中，会有很多因为年龄特点导致的"问题行为"，比如"迷之自信"、青春期叛逆等。这一类"问题行为"是父母在与孩子相处中经常都会遇到的问题。

那我们该拿这样的"问题行为"怎么办呢？

三、如何对待因孩子年龄特点导致的"问题行为"

这些"问题行为"既然是因年龄特点导致的，那自然也会因年龄增长而消退。所以，对这些行为父母们不用过于着急，也不要把它们当成真正的问题去解决。当然，这并不是说父母就要对这些行为完全听之任之，而是要将重点放在如何帮助孩子，而不是限制和约束孩子。具体来说，父母可以采用下面的一些方法：

1. 将孩子在这个年龄的特点引到其他可以被接受的方面

这其实遵循了儿童教育中一个准则：如果要孩子放弃某种东西，就要允许孩子用另一种东西。

比如在第一个例子里，一岁的宝宝之所以扔东西是因为在这个年龄的孩子对周围的任何事物都感兴趣。那为了让孩子不要用扔东西来探索妈妈的反应，就要想办法让他把好奇心从妈妈身上转到其他方面。具体来说，就是妈妈要用平静的态度对待孩子，不要做出丰富的表情，不要微笑，也不要皱眉，要平静地对孩子说"东西不要扔"。因为妈妈的表情、愤怒的情绪、威胁的语气都会引起孩子的兴趣，不管是表扬还是批评，对孩子来说都是他们希望的反应。他们以为妈妈在和他们玩一种游戏。所以妈妈越是严厉地批评孩子，孩子越是兴奋，相反地，如果妈妈平静地对待孩子，孩子的行为更容易停止，因为没有反应的东西对宝宝是没有吸引力的。当然，大多数情况下，孩子不会立刻停止。妈妈也要继续保持平静，将他手里的东西拿过来，说："我想你不喜欢这个东西了。"然后，再给他一样可以扔的东西（比如一些橡皮制成的东西），这样就会把孩子这个年龄特有的好奇心转移到这个东西上。

用这样的方法，妈妈既承认了孩子探索世界的努力，保护了孩子学习的积极性，又告诉了孩子什么是可以扔的，什么是不可以扔的。如果父母在孩子扔东西的时候坚持这种做法，那孩子就会从自己的亲身体验中总结出来，扔东西就意味着爸爸妈妈会把这个东西拿走。那他以后扔不扔东西将取决于自己想不想要这个东西，而不取决于别人的态度。他开始学习为自己的行为负责。

当然，这一过程是非常漫长的，不是几个月甚至几年就能完成的。孩子小的时候，尤其在一岁前可能根本记不住规则，所以父母必须不断地跟他们重复什么可以做，什么不可以做。在这个过程中，耐心是父母最好的工具。

再比如在第六个例子里，孩子总是说些不雅的词汇。对身体隐私部位感兴趣是这个年龄孩子的特点，怎么把这个特点转移到其他方面呢？

首先，父母在平时要对孩子提出的任何关于身体的问题都用平静的态度以直接的方式回答，对身体的每一部分都用正确的叫法，让孩子明白身体各部分的功能；同时让孩子意识到自己的言行不会导致父母的反应，那么这种言行对他们就没有那么有吸引力了。其次，在孩子又出现这种行为的时候，父母最好装作没有注意到孩子的这种行为，也不用过度责备孩子这样的行为；同时，父母要想办法将孩子这种幽默感转到其他方面，比如引导孩子玩一些他们喜欢的饶舌游戏，或者看一些适合这个年龄的漫画书。我们要减少的是孩子这种幽默的行为方式，而不是孩子的幽默感。当然，这些方法如果能跟孩子朋友的父母一起运用将更加有效果。

2. 预防

既然孩子年龄特点导致的"问题行为"是由年龄这种生理因素导致的，那么说明孩子是无法靠自己避免这些行为出现的。所以，父母可以帮助孩子提前减少导致孩子出现这些行为的因素。

比如，在第二个例子里，为了避免孩子在公众场合出现影响他人的哭闹行为，父母要保证孩子的生理需要，考虑孩子是否会饿、会渴、会累、会无聊等。比如，不要带太小的孩子去音乐会，或是带孩子去一个需要等待的时间比较久的场所时给孩子带上玩具、书籍等。

再比如，在第三个例子里，孩子不想跟其他小朋友分享自己东西的行为在那个年龄是正常的，那么妈妈首先要理解她的情绪："琪琪抢你的玩具，你不高兴了吧？"然后，肯定她对布娃娃的控制权，可以这样说："这个布娃娃是多多的，妈妈知道多多最喜欢这个布娃娃了。

其他小朋友玩了这个布娃娃都是要还给多多的,是不是？琪琪玩了也要还的。"最后,给她一些建议,可以这样说:"如果你先玩一会儿,然后跟琪琪换她的布娃娃玩,你玩她的,她玩你的,你就可以有两个布娃娃玩了。你觉得好吗？"

另外,妈妈可以提前做些工作来帮助孩子更好地应对这样的场景:

(1)注意在孩子有机会接触别的小朋友时,提醒孩子多带上一件玩具,让孩子有交换的可能;

(2)注意孩子与人分享自己的东西的"闪光点",并让孩子知道:"妈妈看到你今天把自己的小车给凯凯玩了,你们玩得很高兴,是不是？"

(3)注意让孩子参与解决问题,提高他们解决问题的能力,比如这样说:"明天有几位叔叔阿姨来家里吃饭,妈妈发现凳子不够了,你帮妈妈找找家里有没有可以当凳子的东西,好吗？"

3. 尊重和顺从孩子的年龄特点

孩子在某个年龄阶段出现的某种特定行为,其实包含了孩子在这个阶段的某种需要。

比如在上面第四个例子中,"可怕的两岁"导致的"问题行为"里包含着这个年龄阶段孩子自我萌芽和成长的需要。父母对这种需要的尊重和顺从对孩子的成长是有促进作用的,相反,如果父母特意打压或纠正这种行为则会妨碍孩子的成长。所以,面对"可怕的两岁"导致的行为,父母要从"你所有的事我都帮你做"转变为"你自己能做的事就自己做",给孩子更多的机会为自己做决定,展现自己的能力,在父母可以承受的范围内,尽可能地让孩子自己做主。

这个做法的目的是，让孩子知道可以在哪些方面有做主的权利。既然这个阶段孩子最重要的心理发展任务是获得自主性，那么父母就要给孩子展示自己能力的机会——让孩子做一些力所能及的事情。具体地来说，这个年龄的孩子可以学着自己吃饭、自己穿衣服，虽然他们不能立刻做得很好，但他们可以从中体会自己的能力和存在感。而且，即使孩子不会穿衣服，至少可以自己动手脱脱袜子、裤子之类的，不要什么都由父母或家人包办。

另外，父母可以让孩子承担一些简单的家务劳动，鼓励他们帮助家里人和别人，让孩子从中得到很大的满足感，而这正是这个阶段的孩子最需要的自主感。同时，父母一定要在某些范围内给孩子选择权。这会很考验父母的耐心，为了孩子的健康成长，父母做出某种程度的让步是必须和值得的。但是要注意，我们要给孩子树立一个行为边界，也就是让孩子知道什么是自己可以决定的，什么是必须由父母决定的。比如，在跟人身安全有关的问题上告诉孩子："过马路这件事你必须听妈妈的，因为保护你的安全是妈妈的责任。"

当然，对待这么小、这么"有主见"的孩子，父母也需要发挥自己的创造力。比如，在时间充裕的时候，父母可以陪伴孩子用她认为正确的穿衣顺序慢慢把衣服穿上，条件是让她自己穿。父母可以这样告诉孩子："你可以选择是自己穿还是妈妈帮你穿，如果你自己穿，就可以按你的想法穿，如果妈妈帮你穿，就要按妈妈的想法穿。你选什么呢？"或者，还可以这样跟孩子说："妈妈衣服上的这个扣子总是扣不好，你来帮妈妈扣好，妈妈来帮你把衣服穿上，好吗？"教育孩子并不是什么都帮孩子做到最好，而是陪伴孩子做对孩子有利的事。

4. 为孩子提供必要的帮助

有些由孩子年龄特点导致的"问题行为",是因为在这个年龄某些能力还没有发展起来。那么,父母就要给孩子必要的帮助。

比如,在上面第五个例子里,孩子无法履行自己"不打人"的诺言,源于这个年龄的孩子还没有足够的自我管束能力。那么,父母就不能只是简单地让孩子为自己的行为负责,还要分析孩子这种行为是孩子的什么能力欠缺导致的:是孩子语言能力不够,使孩子习惯性地使用行动来表达意愿?是孩子性格过于内向,以至于难以向他人表达自己的意愿?还是孩子性格过于外向,以致在表达对朋友的喜爱时过于激烈?是孩子表达和管理自己情绪的能力不够,使孩子在与其他孩子相处中容易出现情绪激动而动手?是孩子平时接受了严厉的管教,学会用武力解决问题?还是孩子的生活中发生了对他们而言比较大的变化,比如搬家、家里新添了弟弟妹妹、换了新老师、家庭成员之间发生了比较剧烈的冲突?只有找到原因,父母才能对症下药地帮助孩子。

本节关键点

总之,父母不要将理解孩子误以为是要接受孩子所有的行为,也不要将约束孩子的行为误以为是要纠正所有父母认为不对的行为。对孩子年龄特点导致的行为,更多需要的是父母对孩子的尊重和帮助。

第二节　培养孩子的规则感

是非曲直之间,总有余地。我们在那里相见。

——鲁米

在前面的章节中,我们讨论了如何对待因孩子年龄特点导致的"问题行为",但是,管理孩子的行为不能总是等到孩子出现问题的时候。对于想培养孩子良好行为习惯的父母来说,更重要的是如何去对待孩子的行为。

一、管孩子是不是就是让孩子听话

我们先来看一个在生活中再平常不过的例子:一个五岁的孩子玩了玩具不想收拾就去看电视。对孩子这样的行为父母要不要管?怎么管?

1. 不管孩子,大人一下子就弄好了

第一种方法就是大人帮孩子收拾,反正也不是什么大事。这样对待孩子的行为在当下确实是小事一桩,对大人孩子都没什么影响。但如果我们拿起望远镜沿着孩子成长的道路看向远方,就会看到对孩子的影响:当这样的事情发生多了,孩子渐渐会形成一种观念"我的欲望都应该被满足,我不用控制自己的行为,别人都应该按我的想法去做"。

在这种观念下,孩子怎么可能有自我控制的念头和能力呢? 而

且，当孩子的欲望跟周围环境发生矛盾，比如学校规定上课不要跟其他同学说话，孩子自然会产生强烈的不满情绪。随着孩子长大，周围环境对孩子的要求会越来越高，于是孩子会越来越多地感到不开心。他们不知道自己的欲望可以被接受的界限在什么地方时，就会花费很大的精力去寻找这个界限。这不仅导致他们内心不安定，而且会导致他们的潜能被破坏。比如从小被宠爱过度的孩子总会向父母提出过分的要求，一旦父母不同意，就开始大哭大闹，甚至做出各种过分的举动；即使父母再次妥协，满足他的过分要求，不久孩子又会因为其他的需求得不到满足而不开心，因为他们觉得父母是在跟他们作对，是对不起他们。他们的注意力总是被这些念头所占据，哪里又能专心去学习、进步呢？

所以，父母的这种教育方式无法培养孩子用外在标准控制自己的行为，就更谈不上培养孩子用内在标准控制自己的行为了。

2. 用奖励与威胁或用讲道理与贴标签的方式让孩子做到

第二种方法就是刺激孩子去收拾玩具，比如：

"如果你看电视之前能把玩具收拾好，妈妈就奖励你……

"如果你不把玩具收拾好，妈妈就生气了/今天就不许吃晚饭！

"……，所以我们要把玩具收拾好才能去看电视，对不对？

"如果你不收拾好玩具就去看电视，你就不是好孩子。你想当好孩子吗？"

一说到管教孩子，很多人会认为就是让孩子听话，按大人的话去行动。可是，让孩子听话就是教孩子用外在的标准控制自己的行为，这是我们教育的目标吗？显然不是。我们希望的是孩子学会用自己的标准控制自己的行为。而一个人要做到用自己的标准约束自己的行为,需要很多能力,包括自我意识、情绪管理能力、预测行为后果的能力、独立思考能力、自我控制能力、解决问题能力等。所以,管教孩子行为的目标并不是让孩子听话,而是通过约束孩子的行为来培养前面提到的那些能力。

可上面那些话都是教孩子根据外在的条件(奖励、他人的情绪、他人的道理、他人的评价)来决定自己的行为,希望用外在刺激来控制孩子的行为。在短期来看,这些方法可能会有效果,甚至效果显著,但从长期来看是无法培养孩子用内在标准控制自己行为的。

当孩子对奖励不再感兴趣,或者不再为了某个奖励去做特定事情的时候,父母用奖励规范孩子行为的方法就没有用了。

当孩子习惯了妈妈生气,或者知道妈妈生气也就是骂骂人,最后还是会满足自己的时候,妈妈的生气和情绪对孩子就没有用了。

当孩子不再像小时候那样依赖父母,不再需要讨好父母,或者对讲道理感到反感,慢慢充耳不闻,甚至学会讲出自己的道理时,讲道理这个方法对孩子就没有用了。

当孩子发现自己被愚弄,开始用"我本来就不是好孩子"这样的话反抗的时候,用他人的评价来约束孩子这个方法就没有用了。

3. 用规则管教约束孩子

第三种方法则是,父母平静地告诉孩子:"你要收好玩具再看电视,如果你不收好玩具,会让家里看起来很乱。我们每个人都要对这个屋子负责。妈妈爸爸负责收拾其他东西,你负责收拾自己的玩具。如果你不收拾玩具,就不能看电视。"

这个方法其实不一定会让孩子听话地收拾玩具,孩子可能会说

"不看就不看"。用这个方法的父母其实是为了利用这个机会帮助孩子学习处理自己的欲望和现实之间的关系,学着去面对现实,并培养孩子相关的能力,成为一个能为自己负责任的人。

具体来说,父母的这段话首先是帮助孩子关注自己行为的后果:不收玩具,家里会很乱,会影响家里其他人;然后告诉孩子需要在两种行为中进行选择,并且承担选择的后果,即收拾玩具后可以看电视,或者不收拾玩具就不能看电视。这就是给孩子面对现实、学习选择的机会。孩子要面对和解决"我面对的情况是什么?什么对我来说最重要?我要做什么选择?可能导致的后果是什么?我该如何去面对后果?"这些问题。

而且,父母用平静的态度向孩子表示,可以理解和接受孩子不想收玩具这种情绪,但不会接受孩子任性的行为,情绪和行为需要分开。

这个过程可以培养孩子的诸多能力:

①自我冷静的能力:父母保持平静的态度,既给孩子做出示范,又让孩子发现自己激烈的情绪对父母没有作用,孩子就会转而开始练习自我冷静;

②接受现实的能力:"我的愿望不可能总是被满足";

③选择的能力:包括知道自己要什么、接受没有完美选择的现实、预测后果、评估承担后果、做好承担后果的准备;

④自我控制的能力:为了得到自己想要的,能做到忍耐自己不想要的;

⑤解决问题的能力:为了更好地过到自己的目标,在现在选择之外再构想出可能可以解决问题的新选择;

有了这些能力,孩子的行为就会由欲望驱动的、随意的、冲动的不成熟行为，发展为自律的、可控的成熟行为；孩子也成长为既有自己独立想法、又能适应现实的成熟的人。

所以，父母培养孩子良好行为习惯的关键不在于让孩子听话，而在于培养孩子的规则感。下面我们来具体讨论其中的几个关键点。

二、接受孩子的选择

1. 不强迫孩子做出"正确"的选择

可能有人会感觉这个方法不也是在威胁孩子或惩罚孩子吗？不也在跟孩子谈条件吗？不也在跟孩子讲道理吗？

确实，如果不注意这个方法的要点，就会将它与威胁、惩罚、讨价还价、讲道理的方法混淆。这个要点就是接受孩子的选择。

在上面的方法中，父母只是平静地给了孩子两个选择以及相应的后果"收好玩具就可以看电视，不收好玩具就不能看电视"。而这两个结果父母都可以接受，这是鼓励孩子自己做出决定，将选择的自由和权利交给了孩子，潜台词就是"孩子，我不帮你选择，你需要自己做出自己的选择，我都能接受，但是你做了选择就要承担相应后果"。而惩罚、威胁、讲道理、讨价还价这些方法则都以引导孩子做出"正确"选择为目标。比如，当父母惩罚孩子时总会说"如果你不……我就……"这样的句子，就是告诉孩子"你没有选择，只能按我说的去做"。

2. 保持平静的态度

而要让孩子真正体会到自己可以自主作出选择并承担相应的后果，就需要父母有一个平静的态度，可以说"平静"的态度是这个方法中的一个关键点。当孩子选择不收玩具时，如果父母用发脾气或失望等情绪回应孩子,孩子就会学会看父母的脸色行事,因为他们以为自己行为导致的最严重后果就是父母的不良情绪,自己的注意力应该放在父母的态度上。于是,孩子就会反过来试图反抗或控制父母的情绪,比如做出可怜的样子、故意激怒父母等。所以,不要用情绪来管孩子,而要用平静的态度,才能帮助孩子将注意力集中到自己行为导致的现实后果上。

3. 不要在所有问题上接受孩子的选择

可能有人会说,难道我总是要接受孩子的选择吗?当然不是。父母有保护孩子安全和健康的责任,所以在涉及孩子的安全(比如过街要牵着妈妈的手)、基本的身体健康(比如晚上要睡觉、不能喝过多的饮料等)的问题时,父母不需要跟孩子商量。如果孩子在这些事情上出现错误,那是父母没尽到保护孩子的责任。也可以说,在这些事情上接受孩子的选择是不对的。所以,孩子在这些事情上没有选择权。这时,父母就直接告诉孩子应该做什么,而不要给孩子传递错误的信息,比如不要问孩子"过马路的时候牵着妈妈的手,好吗"?而是直接告诉孩子:"过马路的时候你要牵着妈妈的手。"

所以,用规则感管理孩子行为的第一步就是,父母要搞清楚在孩子成长中哪些行为是父母的责任,哪些行为是孩子可以自由选择的。如果父母都不能确定这两者的界限,那么孩子自然也就学不会什么是自由的界限。

4. 错误选择的意义

在孩子可以进行选择的事情上,孩子会不会做出错误的选择?如果明明看到孩子的选择是"错误"的,难道父母也要接受吗?父母引导孩子去做正确的选择难道不是更好吗？

孩子肯定会出现错误的选择，但这也正是给孩子成长的机会。不犯错误的成长并不是真正的成长。如果孩子在成长中每一次选择都因为父母的帮助而不犯错误，那么，孩子长大以后必须独自面对选择的时候，又怎么会有选择的能力呢？与其让孩子长大后用犯大错误来获得选择的能力，还不如让孩子在从小的生活中用小错误来获得这种能力。所以，父母有责任给孩子从错误中成长的机会，让他们在体验中成长，让他们自己从中明白"我的行为是有后果的，我要为自己的选择和行为负责任"。

比如在收不收玩具这个例子里，孩子收好玩具再去看电视是我们希望孩子做出的选择，但是，不把这种结果作为最终目标，而把眼光放长远一些，我们就会平静接受孩子不收玩具的选择。因为不收玩具，孩子就需要面对随之带来的结果——看不了电视。这个结果会让孩子感到不开心，孩子自然就会思考要不要改变自己的行为。这不是自我控制的开始吗？这其实是一个简单而奇妙的悖论：父母为了孩子的幸福，就要让他们面对不开心。这样形成的自我控制是内在的，而外在的奖惩形成的"自我控制"是虚假的，一旦这些奖惩消失的时候，孩子的"自我控制"也就消失了。

三、如何制定恰当的规则

威胁孩子、惩罚孩子、跟孩子讨价还价、给孩子讲大道理的目标都是让孩子听父母的话，而用规则感则是让孩子服从规则本身。前者是服从人，后者是服从客观现实。所以，父母用规则感规范孩子的行为既有利于亲子关系的稳定，又能帮助孩子认识现实、接受现实，培养自我控制能力。

那么,制定合理的规则就很重要。规则是为了让孩子了解自己该为什么负责,父母该为什么负责。所以,父母要先思考这个问题,然后跟孩子一起定好规则,而不能只由父母的心情、想法来决定。具体来说,跟孩子定规则要注意以下几点:

(1)规则要适合孩子的年龄和能力,超出孩子能力的规则是没有用的。只有合理的、孩子能理解的规则才能帮助孩子学会控制自己的行为。比如,对于学龄前的孩子,在他们的行为和行为导致的后果发生之间不要间隔过长的时间,否则学龄前的孩子很难记住。我举个例子,不要告诉不好好吃早饭的孩子"如果不好好吃早饭,晚上就不能看动画片"。至于怎么判断孩子的能力范围,这需要我们了解孩子的成长规律。另外,还有一个简单的方法,就是观察其他同龄孩子是否有类似的行为。如果很多同龄孩子也有类似的行为,而大一点的孩子并没有类似的行为,那说明这种行为在目前暂时是在孩子能力范围之外的,不用特别关注。

(2)规则不要过于严格,也不要过于宽松。过于严格的规则,比如要求孩子放学后就立刻回家,会引起孩子的反感。过于宽松的规则,比如允许孩子在八点之前回家就可以,则会让孩子感觉不安全。

(3)规则不要过多、过细,只在重要的事情上设定限制,孩子遵守起来更容易,效果也更好。

(4)给孩子的规则一定要清楚、简单、前后一致。父母的责任就是为孩子提供一个清晰的概念,什么是父母期望的行为,什么是可以被允许的行为,什么是不能被接受的行为。否则,孩子会感到困惑,会用各种行为来试探真正的规则。

(5)父母必须做到以身作则,对孩子的承诺要尽量说到做到。父母做不到的规则就不要定,制定好的规则就尽量执行。只有孩子真正感受到的后果，才对孩子的行为有影响。如果在孩子不收玩具时，妈妈边讲道理边允许孩子看电视，那孩子感受到的后果就是"我可以不收玩具就看电视"。只有孩子发现自己真的无法在收拾玩具之前去看电视，才会真正知道自己的选择会带来"看不了电视"这个后果。从这一点来看，表面是父母给孩子制定规则，实际也是给自己制定规则。

（6）一个好的规则是建立在你将要做什么的基础上，而不是建立在孩子将要做什么的基础上。比如，为孩子制定几点回家的规则时，不要告诉孩子让他必须6点回家，而是说"我们6点开始吃晚饭，你回来晚了饭就凉了"。

四、制定恰当的后果

规则感的建立需要多次的"孩子试探－后果出现"才能建立起来。

没有后果的规则是不值得制定的规则。在"收好玩具就可以看电视，不收好玩具就看不成电视"这个规则里，能不能看电视就是后果。

而后果的设定对孩子规则感的建立起到关键性的作用。一般来说，父母可以分情况来定后果：

（1）孩子行为造成的后果对孩子并不会造成伤害时，就让这样的后果发生。比如，不吃饭会饿，上学迟到会被老师批评，等等。这里举个例子：

有一个初中男生很羡慕骑车上学的同学，可他的父母告诉他"在马路上骑车不安全"，不允许他骑车上学。他没有反对父母，但心里颇有不满。有一次，因为他的爸爸要出差，妈妈又不会开车，只好同意他在爸爸出差的这段时间里跟其他同学一起骑车去上学。他很高兴，但过了两天就开始想念爸爸，因为骑车又累又单调，还是坐爸爸的车上学轻松。从此，他再不提骑车上学的事了。孩子一次亲身体验胜过听千万遍的大道理。

（2）孩子行为造成的后果会对孩子造成伤害时，父母只能靠制定人为后果来约束孩子，比如孩子不好好刷牙，爸爸跟孩子定好一个规则——如果上床前不刷牙，爸爸就不会讲"睡前故事"。这种后果要跟孩子的不当行为有关系。

因为不同年龄孩子的理解能力不同，所以父母要注意让孩子的行为与后果之间的关系在孩子的理解能力范围内。有些幼儿的妈妈被孩子咬完后，妈妈也去咬孩子，本意是想让孩子理解"你看我咬你很疼，你不想让我咬，所以你咬别人也很疼，你也不能咬别人"，但幼儿因对他人内心想法的识别能力很弱、对因果关系的逻辑思维也很差，所以他们是理解不了"妈妈咬我"是"我咬了别人"这个行为的后果的。

比如，妈妈可以这样告诉孩子："我们六点吃饭，吃完饭我就要洗碗。如果你回来晚了，我不仅要给你热菜，还要多花时间等你吃完才能洗碗，晚上我的时间就更少了。所以，你如果回来晚了，你就要把我们吃饭的碗都洗了，而且要洗到平时我洗碗的干净程度。"

这样的后果设定有什么好处呢？

首先，洗碗这个后果与孩子回家晚这个行为直接相关：回家晚——吃饭晚——影响妈妈洗碗——谁来承担？

其次，考虑了孩子回家晚的一些正常理由。比如孩子因为玩得高兴而忘了时间是可以理解的，但同时孩子需要知道，不管如何，这样的行为都会对他人造成不好的影响，也是需要学着为自己"正当的行为"负责。因此，在设定后果的时候要把后果的严重程度与行为错误的严重程度相匹配，把"不给饭吃"或"不许再去玩"这样的严重后果留给真正严重的错误行为。这样，父母既可以认同孩子的理由，对孩子表示理解，同时又能坚定地执行之前的规则。

最后，父母不要把自己的情绪压在孩子身上。用情绪限制孩子的行为，这种做法并不能真正帮助孩子反思自己的行为，只是教孩子逃避惩罚或者学着讨好他人。

五、规则感要从小培养

有些父母在培养孩子规则感的时候会遇到困难，当他们要求孩子遵守规则时，孩子非常抗拒。

如果这种情况发生在孩子很小的时候，那要看看是否为"可怕的两岁"（参见前面）这样特殊的年龄阶段；或者父母需要先做好对孩子情感接受的工作（参见上一章）；或者对孩子的规则规定得过多，年龄较小的孩子自制能力非常有限，所以不要给孩子规定过多的规则，而要选择最重要的规则要求孩子遵守。

如果这种情况发生在孩子五六岁以后，那往往跟孩子小时候被过度呵护、过度关注有关。就像前面讲的，如果从小家人就帮孩子把所有的事都做了，而没有给孩子独立做事的机会；或者家人什么事都尊重孩子的意见，而没有树立父母的权威感，孩子就会形成"我的要求都要被满足、我的事都要有人帮我做"的观念。这种观念会让孩子认为要求遵守规则是对自己的伤害，那么他们当然就会非常抗拒规则和要求他们遵守规则的人。

所以，规则感要从小培养。父母不要因为孩子小就把所有事都替孩子代劳，而要让孩子学会自己的事自己做，要遵守家里必要的规则。

等到孩子大一些了,如果发现孩子的规则感不强,就需要父母改变自己对待孩子的方式。下面我用一个例子来讲解:

有位母亲问:"我小时候被父母管得很严,所以我有了孩子后很注重给孩子自由,孩子很善良,对别人也很有爱心,我说的话他大多会听,但就是不太听幼儿园老师的话,也会因为爱动手动脚惹别的小朋友生气。我之前觉得孩子年龄小,不懂事,只要他长大点就好了。可现在他上小学了,老师反映他在学校特别闹,老师也管不了,我该怎么办?"

我回答:这个问题没有特效药,不可能一下子就解决。孩子这种行为正是因为他小时候在需要进行良好的行为规范时,却得到了过多的自由,慢慢形成为所欲为、不能控制自己行为的问题。这是长时间形成的问题,自然也需要一段时间的纠正才能真正看到好的效果。具体地,可以这样做:

(1)从家里做起,孩子在学校的行为反映的是在家的行为习惯。

(2)父母要给孩子的自由划定边界,也就是明确告诉孩子哪些事可以做,哪些事不要做。

(3)父母可以根据孩子的年龄特点,让孩子承担一些行为的后果,而不是总为孩子妨碍他人或伤害他人的行为找借口。

(4)不要把自己的人生遗憾放到孩子身上。父母在小时候被管得严,自然会有遗憾,希望父母能更宠自己,给自己更多的自由。但不要因此在孩子犯错时过度替孩子开脱。

(5)父母可以通过日记、与信任的朋友或家人诉说等方式整理小时候的经历。这些经历如果没有经过整理,会以一种你难以察觉的方式影响、支配你现在的想法和行为,因而你会难以客观地看待孩子的行为是否需要约束，从而放松对孩子行为的规范。

(6)让孩子知道你很尊重老师，会很好地配合老师。年龄小的孩子还没有很好的独立思考能力，所以会通过家长的态度和反应去判断要不要改变自己的行为。

(7)与老师进行很好的交流，让老师觉得你对这个问题已经有了足够的重视，争取老师的帮助和配合。

本节关键点

用规则感管理孩子就是在孩子能力范围内，给孩子选择如何行动的自由，然后通过让孩子体会自己所做选择带来的后果，学会控制自己的行为。

第三节　约束孩子行为是为人父母的责任

聪明的人以计划为指导，智慧的人则以原则为指导。

——拉希尔·法鲁克

我爸爸是一位工程师，擅长摆弄各种机器。记得我小时候时，他教我骑自行车，当我终于能自己骑车上路时，他告诉我："记住，只要会刹车就不会出事。"长大以后我发现，爸爸教我的其实就是要掌握机器的平衡——启动和制动的平衡，有启动就要有制动，制动之后还要有启动。

如果把人看作是一个有感情的精密系统，成长就是逐渐学会管理这套系统,学会启动和制动的平衡。如果启动有问题,会出现缺少动力、没有主动性等问题;如果制动有问题,则会出现缺少自控能力、任性等问题。

所以,前面讲我们要理解孩子、给孩子思想自由是教孩子学会启动,而这里讲约束孩子行为、培养孩子规则感就是教孩子学会制动。这两方面都是为了培养孩子面对生活的能力。

但是说到约束孩子行为,我想可能有些父母会有些疑问。下面我就想来讨论几个常见的疑问。

一、约束孩子的行为是不是限制天性的发展

1. 社会化才是人的天性

1800 年,在法国中南部的圣塞尔南这个小镇的郊外,人们看到一个一丝不挂的 10 岁左右的野孩子。这已不是他第一次出现在人们的视线中。他爬树、用四肢奔跑、喝溪水、吃橡树果和树根充饥。人们跟他说话,他没有反应;人们给他食物,他拒绝;人们给他穿上衣服,他却想撕烂这些衣服。人们给他起名维克特,然后把他交给从事精神病学研究的吉恩·伊塔德。经过五年的"驯化",维克特学会了一些东西的名称,并学会了表达自己的意愿和自己的一些情绪;但除了能发出一些元音和辅音外,到 40 岁去世的时候他也一直没有学会说话,而且他只会关注自己的想法和需求,似乎"一直期待着回归到大自然中重获自由"。

像维克特这样天性好像没有受到人为限制的人类后代,最终并没有成为一个真正意义上的人。这让人不禁思考,人的天性会将人引向何方?

其实,维克特之所以没有成为一个真正的人,正因为他的成长违

反了人最根本的天性，那就是在与他人合作中成长。

当代心理学的共识是，只有在跟人相处中成长，孩子才能成长为真正的人，因为人的基本心理能力只有在与他人互动过程中才能培养起来。可以说，社会化是人的本质。因为人类这个物种之所以能走到今天，离不开人类社会的建立。

人类为什么能成为最适应环境的物种呢？研究人类发展的历史，科学家们发现这是因为在漫长的进化过程中，人类的祖先逐渐不再将体力作为与其他物种竞争的主要手段，而独辟蹊径地选择了另外两个竞争手段：发展智慧的头脑和组建人类社会。

事实证明，这两种手段就是人类打出的竞争王牌。人靠智慧的头脑生存，这是众所周知的，但人在社会生存这件事，却往往被忽视。正像鱼儿感觉不到水的作用，只有离开水鱼儿才会发现原来自己离不开水。社会化发展对孩子成长的重要性无论怎么强调都不为过，如果不了解社会化发展，就无法真正了解孩子的成长和教育。限于篇幅，这里不再展开讲述，但我很希望父母们都多了解一些关于孩子的社会化发展的内容。

"融入人类社会"已经深深刻进了人类的基因，成为我们天生的本能。人生来就有亲近他人的渴望。如果你抱过刚出生的婴儿，你就会发现刚来到世界的小家伙对人特别感兴趣。科学家发现，刚出生的新生儿在神经环路定向的影响下会有早期知觉偏好，也就是他们生来就会在众多刺激中更喜欢跟人有关的刺激，比如他们会追踪与人类面部相似的刺激，尤其表现出对妈妈面孔的偏好。而且刚出生42分钟的婴儿就能有意地模仿成人的面部表情。

不仅如此，婴儿对人还有特别的期待。科学家对2~3个月的婴儿研究发现，即使是年龄这么小的婴儿，当他对旁边的人做出表情以后,如果这个人面无表情看着婴儿,不做其他反应,婴儿就会表现出紧张;而同样是没有得到回应,如果婴儿是对一个木偶笑,婴儿却不会表现出紧张。我们生来就想跟他人建立情感联系。这既是为了我们自己的生存,也是为了人类这个物种的生存。

可以说,成为社会化的人是我们生而为人的宿命。

既然社会化是人的天性,而成为社会成员就需要我们管理和控制自己的行为,那么帮助孩子学会行为管理的规则其实是有利于而不是限制孩子天性发展的。

2. 思想自由和行为自由要分开

有的家长担心"约束孩子的行为会限制孩子天性的发展",这句话里其实隐藏着一个错误的观念,就是将行为和思想混为一谈,认为行为不自由就会让思想不自由。

思想自由和行为自由是两回事。思想自由的基础是强大的自我意识和思考能力,其中包含对现实的理解和接受。而人不可能获得完全的行动自由,就是一个我们必须理解和接受的现实。所以,那种希望通过给孩子行为上完全自由来"保护孩子天性发展"的做法,结果往往事与愿违。因为从小就为所欲为的孩子,是无法理解、接受和面对真实的现实的。长大后他们的注意力不再集中于自己的思想,而是会陷入"我为什么不能为所欲为?我不信,我偏要"这样一个思想陷阱中,无法自由。

在前面第一部分我们谈到,孩子不是"缩小版"的大人,他们的行为表现虽然和大人相似,但他们行为的形成原因在很多时候跟大人并不一样。比如,天天自夸的大人可能是自恋自大,但对于小孩子来说自夸则只是他们大脑发育和生活经历的限制导致的正常年龄特点。所以，不能完全用理解成人的方式去解释孩子的行为。同时，这也说明孩子的思想成熟需要一个过程。所以，那种"纠正行为必须先纠正思想"的观念对孩子是不适合的。

所以，好的行为教育应该将孩子的行为与思想分开。总的原则就是，思想应该自由，但行为不能完全自由。

比如，在前面让孩子按时睡觉的例子中，那位妈妈理解并接受孩子不想按时睡觉的感受和想法，并没有试图说服孩子"你的这个想法是不对的"，但在行为上明确给孩子设定了睡觉的时间。也就是说，这位妈妈并不认为，只有让孩子承认自己的思想不对，才能让孩子在行为上做对。

相反这位妈妈理解和接受孩子的感受，同时帮助孩子慢慢意识和接受这样的现实"我这么想本身没有错，但我要知道，我的欲望和想法并不一定总能被实现，我需要改变一下我的行为"。

要做到这点当然不容易，但这不就是"将孩子养大成人"的真正含义吗？这位妈妈跟孩子一起去面对现实问题，去解决现实问题，从而培养孩子在思想自由的同时控制自己行为的能力。这才是真正体现父母"为孩子计之深远"的教育方式。

二、如何平衡对孩子的理解和对孩子的约束

我们来看三种东西：岩石、棉花、网球。

岩石，足够的坚硬和冰冷；棉花，足够的柔软和温暖；网球，坚定而有弹性。

如果我们对待孩子的态度像岩石一样，就给孩子制定非常严格的规矩，并用威胁、惩罚来让孩子执行这些规矩，很少对孩子表示爱、理解、宽容、尊重。

如果我们对待孩子的态度像棉花一样,就对孩子特别的温柔骄纵,不给孩子设什么规则或限制,孩子想要什么就给什么。

岩石般的管教方式给孩子足够的外在限制,但孩子没有自由;棉花般的管教方式给孩子足够多的自由,但没有给孩子必要的限制和责任感。

如果我们对待孩子的态度像网球一样,既给孩子的错误留下余地,又对孩子明确的规则。孩子感受到的就是有控制的、适度的温度,是自由和限制两者的平衡。

心理学家戴安娜·鲍姆琳德及其追随者总结的四种父母教养方式广为人知。它们体现的其实就是理解和限制的平衡。

他们用了两个维度区分出四种教养方式:权威型、专制型、放任型、冷漠型。一个维度是接纳/反应性,另一个维度是控制/要求性。前一个维度可以理解为对孩子尊重、理解的程度,后一个维度可以理解为对孩子行为管束的程度。当父母能同时做到理解、尊重孩子和要求孩子遵守行为规则时,也就是平衡了这两方面,父母对孩子就是一种权威型的教育。

相反,如果父母没有平衡这两方面,而是偏向其中一方面,或者给孩子过度的自由,不给孩子的行为设定限制,再或者给孩子设定过多的规则,对孩子的行为和心理过度控制,不理解和尊重孩子的感受和想法,那么父母对孩子就是放任型或专制型的教育方式。

放任型的父母对孩子的要求总是无条件满足,总是为孩子的行为找理由,总是全方位"理解"孩子的行为,总是什么事都征求孩子的意见,总希望在孩子开心的前提下达到父母的要求。

专制型的父母则总是用命令要求孩子服从,总是用听话来要求孩子,总要求孩子无条件服从各种"道理"。

当然，有的父母还可能对这两方面都不重视，既不关心孩子的感受和想法，也不关心孩子的行为是否得当，那就是一种冷漠型的教育方式。

鲍姆琳德和她的追随者还通过研究发现，权威型父母的孩子在学习、生活、人际关系、社会责任感等方面都强于其他类型父母的孩子；专制型父母的孩子容易形成情绪问题，以及对人不友好、不积极主动、不自信等问题；放任型父母的孩子容易形成冷漠、不关心他人、冲动、学业糟糕等问题；冷漠型父母的孩子，则可能出现的问题最多、最严重。

三、清理自己内心的噪声

很多父母都知道，教育孩子要有耐心、要保持平静，但有时就是控制不住自己，会吼孩子，怎么办？

要改变我们的行为，光靠下决心和懂道理是不够的。因为人的行为由情绪和观念决定，所以要从情绪和观念入手才能真正有用。

1. 整理我们的情绪

让我们来看一个案例：

今天早晨孩子对我说："妈妈你一上床就呼呼大睡了，我过了好久，实在睡不着，就把你叫醒给我讲故事了。"我就对他说："任何时候想让妈妈给你讲故事你都可以叫妈妈，妈妈都会给你讲。"

其实我晚上被叫醒的时候十分生气，但孩子这么一说，我就觉得这么小的要求、这么信赖我的孩子应该被满足。

这位妈妈没把自己的情绪当回事，不关注、不处理，以为自己这些情绪不去管就没事了。前面我们讲到，人有两套信息处理系统，一套是理性思维,一套是情绪。作为信息处理系统的情绪被长期闲置和压抑,结果就是情绪爆发或情绪麻木。

在这个例子里,妈妈被叫醒的时候十分生气,这种感受正是想告诉她"你很累了,你很想休息"。这本是一个很重要的情感信息,可是没有得到这位妈妈的处理。她只关注到理性给出的信息就是"这算不算惯孩子"。她以为面前最重要的问题是权衡该不该满足孩子,于是她开始调用以往生活经历中形成的各种关于满足孩子和惯孩子的观念。这就让她忘记了关注眼前的孩子和自己真实的情感需要。

而忽略父母自己的情感需要则容易导致情绪的积聚,直到一件偶然的事情成为引爆点。比如,这位妈妈当时可以忽略、压制自己的需要,但也许到第二天孩子因为其他事情不听话,或者不好好写作业的时候,妈妈就可能控制不住自己会吼孩子。因为之前压抑的情感并没有真正消失,当有了机会,它就会在无意识中冒出来,妈妈已经为孩子牺牲了自己的睡眠,孩子还不让妈妈省心,妈妈就会产生强烈的委屈、不被尊重等感受,虽然妈妈自己并没有意识到这些情感的积压。

所以,父母会控制不住自己去吼孩子的一个重要原因是他们的情绪已经累积到快要爆发的程度。那么,家长为了控制吼孩子的行为,光靠理性地告诉自己这样做不对是没用的,还要去找到自己内心真实的情绪。要找回自己的情感,可以从关注自己的身体开始,人的感受总是跟身体感觉联系在一起,比如紧张的时候有人会感到胃不舒服,有人会感到口渴;可以多跟朋友、家人交流,整理自己的回忆和感受;可以试着用文字整理内心;可以在有需要的时候求助专业人士。

回到上面的例子,这位妈妈首先应该做的不是用理性去思考、去判断"我该怎么做"，而应该先感受、先与孩子交流："你忍了很久才叫妈妈，是怕妈妈不理你吗？还是怕妈妈累了？你不知道该怎么做才好，对吧？你自己躺着是不是觉得很无聊？……妈妈今天很累，好想睡觉，你又这么想听故事，怎么办呢？要不妈妈就给你讲一个故事，或者你自己听录音，再或者你有没有其他好的解决办法？"

这样做，家长及时处理了孩子和妈妈的需要，既避免让妈妈的情绪累积到爆发，又给了孩子照顾他人、表达自我和解决问题的机会。

与其要求自己始终如一地对孩子好脾气，不如与孩子建立良好的亲子关系。真正亲密的亲子关系是能包容一些亲子间的冲突矛盾或者父母偶尔的情绪失控的。

家长如果吼了孩子怎么办呢？答案是，与孩子进行真诚的情感交流要好于程序化的道歉。比如，你可以这样说："妈妈现在心里也挺难受的，刚才吼你其实不是妈妈的本意，但是妈妈好像有点控制不了，妈妈现在看见你这么伤心，妈妈更加难受了。"

有的家长觉得"我应该道歉"，但是采用给孩子讲道理的方式："你看爸爸当时不应该这样做，这样做是不对的，以后爸爸一定注意不这样做，你也要学着别这么做，有话要好好说。"这种道歉方式起的作用甚微，甚至会让孩子不接受，会很反感父母的道歉："每次你一吼我，你就道歉，道歉了，你下次又吼我，吼了我你又道歉，这有用吗？"道歉的关键点，不在于你是不是说对不起，而在于让孩子觉得"你其实是知道、在乎我的感受的"。

2. 整理我们的成长经历

我们的行为除了受到情绪的影响外，还会受到成长经历的影响。如果父母在成长过程中有很深刻的被欺负、被孤立的经历，那当他/她看到自己的孩子被别的孩子欺负,就很可能会发生反应过激的情况;如果一位父/母亲小时候被非常严格地管教并对此非常反感,那他/她就很可能倾向于满足孩子几乎所有的要求,并对学校老师的纪律要求感到难以接受和反感,并且非常害怕严格管教会限制孩子的"天性发展"。

所以,我们对以前的生活经历如果没有进行清楚的反思和整理,会严重影响我们对当下所发生事情的理解和感受,甚至会在无意中在孩子身上去纠正曾经发生在自己身上的"错误",导致无法客观地看待孩子成长的需要。

只有将自己从过去经历形成的固定思维中解救出来,才能客观、现实地看待孩子的需要和问题。在《由内而外的教养》一书中,心理学家丹尼尔·西格尔讲了一个自己的故事:在他儿子还是婴儿时,一哭起来就没完没了,每到这时他就会有一种奇怪的感觉,有种恐惧将他笼罩,让他失去理智,无法保持平静。他试着剖析自己,以为可能是他小时候哭很久都没有人管,所以他不得不去适应这种被抛弃的感觉,而他的儿子一哭就唤起了他心中的这种恐惧。但是,他发现自己在得出这样结论的时候,没有出现什么情绪波动和冲动行为,并不足以帮助他分析和解释自己面对孩子哭闹的恐惧。直到有一次儿子的哭闹突然唤起他的一段回忆,让他全身出汗、双手颤抖,甚至哭了起来。原来多年前他曾经在医院的儿科实习,为了给孩子们抽血,他当时要克制自己不去理会孩子们被扎针时的害怕和痛苦。实际上,他当时感到非常难受,加上医院工作紧张繁重,压力大,他的精神处在崩溃的边缘,他说:"面对那些无法征服的病魔,我们只能把怒气发泄到自己脆弱的心理上"。实习结束以后,他虽然有时会回忆起这段经历,但因为这些回忆带给他很不好的感受,他并没有有意识地反省。他说："这些过去没有妥善处理的问题，让我在初为人父时就成了一个心理脆弱的父亲。当孩子哭起来而我又无法抚慰他时，我就会感到紧张和羞愧——这种感觉让人难以忍受。幸运的是，经过一段痛苦的自我反思之后，我意识到这是因为我自身有一些早年未妥善处理的问题，与孩子没有关系。而且这种反思和分析也让我认识到，因为无助而产生的情绪上的无法忍受，会导致父母把这种无助怪罪到孩子身上，从而给孩子带来伤害。"

这个故事告诉我们：对自身行为及强烈情绪反应的根源不甚了解的人，无法意识到自己正面临困境，也不清楚自己的内心已经充满了为人父母的矛盾根源。

所以，当我们面对孩子感到情绪激动的时候，不妨多问自己几个问题："真的吗？我真的是要教孩子做到这个吗？还是我有别的原因？我是不是在借此满足我自己的愿望？"意识到问题，就在解决问题上迈出了一大步。我们可以通过与他人诉说、写日记等方式来梳理自己的过往经历，减少它们对我们的控制。

本节关键点

父母无论是理解和接受孩子的感受，还是约束孩子的行为，都是为了培养孩子适应现实的能力。高级的教育虽然无痕，但从来不能简化；表面云淡风轻，实则不曾有半点马虎。为了达到这样的教育状态，可以用几个字来"浓缩"父母的任务：爱、平静、坚持。

第六章

教育无痕

教育要像鸭子游水一样。鸭子游水看起来给人的感觉是很悠闲，它们好像毫不费力，轻松地在水面上来回移动。但实际上，在人们看不到的水面下，鸭子的脚在奋力划动着。在教育孩子中把自己的努力消融至无痕，而不是做得让所有人都看得出你在做什么，才是高级的教育。

第一节　担心失败和批评会让孩子不自信吗

> 倘若在自我处寻不到安宁，在他处寻找也徒劳无益。
>
> ——拉罗什富科

前面说到，教育孩子不是靠简单的妙招就能做到。在培养孩子的自信上，这个道理同样适用。

很多人简单地认为，表扬就能建立自信，而失败、批评就会导致不自信。但现实没有这么简单。

四岁的孩子怕失败不肯尝试，于是我们不夸他聪明能干，而是夸他勇于尝试，但还是不行。孩子碰到挫折就哭，想放弃。我们想和他好好沟通，即便和颜悦色、想尽办法，孩子就是不吭声。

带孩子学英语，如果我们很鼓励他，每次读完后我们都表示赞扬和惊叹，他就很有兴趣；但他毕竟发音不准，少不了跟他说仔细听音频，模仿着多读两遍，他就会表示没兴趣，不想学了。一味地夸奖对他没什么好处，但是不夸他就不想学。

为什么那么多表扬还是不能培养出孩子的自信？为什么成功的堆积也不能改变失败时的畏难情绪？因为如果我们仅将表扬和成功看作因、自信看作果，这就是一种简单的想法，简单到违反了孩子成长的规律。

一、表扬不能培养真正的自信

1. 表扬要通过内在自我评价起作用

我想讲一个我亲身经历的故事。

在一次上课中，我发现其中一位姑娘长得很好看。可是上课讨论时她说："洗手间洗手池的上面不是都有镜子吗？我从来都不会抬头看，总是低头洗完手就走。"我问为什么，她说："因为我觉得我不好看。"我和其他人听了都说："怎么可能，你那么好看。"可是，这个姑娘就是不相信，她的神情就像在说"我知道你们是在安慰我"。

看来表扬并不是对所有人都有用，不同的人听到对自己的表扬和鼓励会有不同的反应。自信的人容易相信表扬或者被鼓励，而不自信的人则不容易相信别人的表扬或者鼓励。这是为什么呢？

问题出在"自信"这两个字中的"自"。"自"就是自我。自我是内在的评价，表扬是外在的评价。外在的评价要通过内在的评价起效果。真正影响自信的不是外在的表扬，而是内在的自我评价。

2. 自我同一性

每天当人从睡眠中醒过来,就要开始做无数决定:我刷不刷牙?我穿什么衣服出门?我要不要买下那辆汽车?我要不要把更多的时间花在工作上……这些问题虽然各不相同,但每个人对这些问题的回答都与一个基本问题有关,那就是"我是个什么样的人"?

如果答案是"我是个很重要的人,我是个很善于解决问题的人",那么这个人就会想"我要好好刷牙;我要穿上一套得体的衣服出门;我最好能买下那辆汽车,因为它跟我的身份很适合;我要提高工作效率,减少无用的工作时间,就能让自己生活得更幸福"。

而如果答案是"我是个微不足道的人,没有人会注意我,因为我实在太普通,也没有什么本事",那么这个人就会想"刷不刷牙都无所谓;随便拿一套衣服穿上就行;那辆车想想就行了,别人会觉得我是在炫耀;花多少时间在工作上又不是我能决定的,就更不用费脑子了,该怎么样就怎么样吧……"

不同的自我概念和自我评价会让我们对世界有不同的理解,产生不同的行为动机,做出不同的决定。所以,我们每天的生活都离不开"我是什么样的人"的自我概念和自我评价。没有自我概念和自我评价,我们就无法组织自己的行为,不知道该以什么作为自己的目标,更不能做出决定。

既然自我概念和自我评价是我们的行为和思想的底层支柱,那它们就要保持稳定,也就是说,"自我"一旦建立就会保持稳定,否则,我们的行为和生活就会陷入混乱。所以,当外界信息与"自我"不一致的时候,我们为了保持自我的稳定就会拒绝外在信息,不会为了相信外界信息而轻易放弃自我评价。这就是为什么表扬对不自信的人很难有效果的原因。不自信的人对自己的评价是"我不行"，那么当外界信息是"你行的"时，他们就会拒绝这样的外界信息，来维持"我不行"的自我评价。

这就是"自我同一性"的体现——我们会接受与自我概念和自我评价一致的信息，拒绝与自我概念和自我评价不一致的信息。所以，对自信的人来说，因为表扬与自我评价一致，他们就很容易相信表扬；但对于不自信的人来说，表扬则是与自我评价不一致的信息，他们就很难相信表扬。

3. 自尊运动的失败在于用表扬换自信

纳撒尼尔·布兰登是二十世纪研究自尊的著名心理学家，他认为"从焦虑、抑郁到家庭暴力、虐待儿童，再到对亲密关系和成功的恐惧，没有一个心理问题不是因为缺少自尊造成的"。在他和其他人的宣传影响下，展开了一项"自尊运动"，目的就是通过让孩子变得更加自信来解决心理和社会问题。在这个运动影响下，家长和老师都非常重视对孩子的表扬。孩子仅仅是完成了作业，老师也会进行表扬。家长和老师都努力做到不让孩子因为失败而感到痛苦，也不让孩子因为没能取得第一名而感到失落。孩子们还不断被灌输"我很特别"的信念。人们这样做是为了让孩子的生活尽量轻松愉快，让他们充满良好的自我感觉。他们相信这样就能培养出高度自信的孩子，从而减少各种心理和社会问题。

可现实的结果是，这场运动以失败而告终。人们从现实生活和对这场运动的研究中普遍发现，这场以表扬换自信的运动带给孩子的只是虚假的自信，让他们不切实际地自我感觉良好，但当他们长大进入现实社会后就难以独立。这种虚假的自信不仅没有解决问题，而且让孩子们变得自大、无法接受现实。

二、追求成功不能培养真正的自信

如果说口头的表扬不能培养真正的自信，那么实际的成功呢？为什么经历了那么多成功以后，在面对失败和挫折时，有的孩子还是会放弃呢？

1. 追求成功和回避失败的不同

我们还是来看一个例子。

孩子：我不想继续学主持了。

爸爸：你马上要参加主持人大赛了，怎么突然不想学主持了？你是因为比赛压力大，才想半途而废吗？

孩子：这次比赛的另两个参赛选手，一个长得太好看了，一个是辩论队队长，我去了也不可能取得名次。

爸爸：你已经上了三年的主持人培训课，有了很大进步，现在放弃太可惜了。

孩子：反正我这个条件以后也做不了主持人。

爸爸：你是不是太想赢？其实你学习主持人，能锻炼自己不怯场的能力，不也挺好的吗？

当孩子怕输畏难的时候，这位父亲以为是孩子太想赢。其实，孩子不是太想赢，而是太怕输，甚至面对只是可能的失败，都会宁愿放弃，也不去争取可能的成功。想赢和怕输，或者说追求成功和回避失败，在字面意思上是一样的，但它们的心理意义就不一样了。回避失败的目标是不能失败，所以，为了不失败，放弃成功也在所不惜。而追求成功的目标是成功，为了能成功，面对失败也不愿放弃。

2. 自我价值感让孩子敢于面对失败

这就是说，目标的选择会影响自信。那为什么有的人选择回避失败，有的人选择追求成功呢？根源在于自我价值感。<u>对于自我价值感充足的人，失败只是失败而已，并不会危及自我价值感，就可以勇敢面对；而自我价值感不足的人，失败则直接威胁到他们的自我价值感，为了保护自我价值感，他们就会选择放弃；成不成功不重要，重要的是不要失败。</u>

所以，父母要想培养孩子勇敢面对失败的心态，就要培养他们坚韧的自我价值感。而坚韧的自我价值感不是只靠成功就能建立起来的。

只靠成功建立起来的短暂的自我价值感很脆弱，毕竟没有人能保证下一次就一定还能成功。比如，孩子得了第一名，会很高兴，但高兴过后孩子就会担心下一次是否能再得第一名，因为只有得第一名才能证明自己，于是内心充满了忐忑，一直活在不自信的恐惧中。所以，只建立在成功之上的自信是短暂的，不自信反而是常态。就像很多父母反馈的那样：孩子对于成功的心态很急切，对失败的接受能力就比较弱。他不敢轻易尝试，在学校也总是希望表现得很好，如果发现自己做得不好，就会直接放弃。

斯坦福大学心理学教授卡罗尔·德韦克是当代研究自信的专家。她的研究也证明，建立在成功基础上的自信是虚假的，是经不起失败打击的。在研究中德韦克教授发现，曾经流行的成功疗法，就是通过成功来增强孩子信心的方法，可以提高孩子对成功的期待，帮助他们在没有失败的情况下成绩稳步提高；但一旦遇到失败，孩子的成绩就会明显下滑。

看来,认为表扬、成功就可以建立自信的观点并不适用于现实世界。

要在失败面前仍然保持自信,就是要在失败面前保持自我价值感,不能让失败破坏自我价值感。也就是我们要将失败和自我价值感分开。那些一遇到挫折和困难就畏难、不自信的孩子,就是将失败等同于自我价值感的丧失。造成这种心理的恰恰是过度表扬、只让孩子体会成功的做法。

三、归属感和掌控感是自信的支柱

既然不能只靠表扬和成功来培养自信,那什么才是自信的基础呢?怎么做才能让孩子勇敢地面对失败,表现出越挫越勇的品质呢?真正的自信来源于归属感和掌控感。

1. 归属感

归属感来自我们在与他人关系中得到被喜欢或尊重的感觉,而且这种被喜欢或尊重不是建立在任何外在条件的基础上。前面的内容中,我曾提到,与他人建立关系是人的本性。关系对孩子的发展起到基础性的影响作用。孩子来到这个世界的第一个任务就是与照顾自己的人建立依恋关系。这种关系正是孩子归属感最重要的基石。通过依恋关系孩子要建立起对自己、对他人、对这个世界的期待,其中对自己的期待就是自我价值感(请参见第一章的内容)。生命没有把自我价值感的建立交给成功,而是交给了孩子与人的关系。在关系中,孩子能得到一种感觉,就是不管自己外在的成就或品质是什么样的,都会仅仅因为自己的存在而被关爱、尊重。这种感觉就是自我价值感。不用怀疑,作为父母,我们就是孩子自我价值感的最重要来源,也就是孩子自信的最重要基础。

2. 掌控感

至于掌控感，就是自己能对环境施加影响的感觉。请注意，掌控感强调的是相信自己有影响能力，而不是需要有一个标准来衡量我是否有能力。"我能通过努力学会"和"我能考第一名"，是不一样的。后者是通过处处都要领先于他人来获得自己的价值感，而前者则是通过相信自己可以通过努力达到自己的目标来获得自己的价值感。掌控感更加关注的是自己在专心做一件事或努力克服困难的过程中获得的感觉，而不只是最终的评价。可以说，掌控感更关注过程，而不是结果。过程取向的掌控感能使人建立更加坚韧的自信。

所以，培养孩子的自信，并不是靠表扬和成功，而是要培养孩子的归属感和掌控感。在前面我们已经讲过亲子关系，下面我们来谈谈掌控感的培养。

3. 怎么培养孩子的掌控感

培养孩子掌控感需要注意两个方面：一是培养孩子的掌控取向而非成绩取向；二是培养孩子面对失败时的归因模式。

（1）培养孩子的掌控取向而非成绩取向。

前面我们提到斯坦福大学德韦克教授是当代研究自信的专家。她对心理学的重要贡献之一就是发现目标对自信的影响——"个体所追求的目标创造了他面对事件时进行解释和反应的框架"。

在学习上，德韦克教授区分了两种目标：成绩目标和学习目标。她的研究结果证实，具有成绩目标的孩子关注别人对自己现有能力的评价，他们追求的是别人对自己的正面评价，以致他们会回避挑战，因此当他们认为可能出现对自己能力的负面评价时就会逃避；而具有学习目标的孩子关注的是自己能力的增长,他们在乎的不是一时的成功,而是如何提高解决问题的能力以追求更大的成功,因此他们会主动挑战困难,面对失败也会表现出掌控感。

所以,要培养孩子的自信,我们就要注意避免让孩子形成成绩取向,而要培养孩子的掌控取向。具体来说,父母多关注孩子在做事情、学习过程中的感受和想法,比整天盯着孩子做事和学习的结果,更有利于孩子自信的培养。让我们来看下面这两句话:

"考试考得怎么样?

"做数学题的时候很辛苦,做出来的时候又很有成就感,是不是?"

上面两句话中哪句对孩子的自信心培养更有好处呢? 当然是第二句。

类似的,当孩子从学校回来,与其总是问孩子"作业写完了吗""今天得了第几名",还不如跟孩子聊聊"今天数学课什么地方最有意思""今天你觉得最无聊的课是什么"。

另外,玩耍和做自己感兴趣的事情,对孩子培养掌控感也非常重要。玩耍的一个基本特点就是没有目标,或者说玩耍的最大目标就是开心。在玩耍过程中,孩子没有被评价的负担,完全是为了自己而努力做一件事,这不就是掌控取向吗?

"玩是孩子最重要的工作"这句话大有深意,其中就蕴含着玩耍对孩子自信心培养的重要性。而做自己感兴趣的事,从某种意义上来说,跟玩耍是同样的意思。

(2)培养孩子面对失败时的归因模式。

如果一个孩子在失败后靠自己重新站起来,孩子会得到一个深刻的体验"我自己可以的,我行",这种体验对自信的培养来说是不可缺少的。可以说,建立自信是离不开失败的。没有失败的经历,就没有真正的自信。

但是，并非只要经历失败就会有利于自信心的建立，因为不同的人在失败面前会找不同的理由，而这些理由会影响他们以后面对失败时的自信。

每个人在面对失败时都会有意无意地归纳失败的原因，这在心理学上被称为归因模式。我们可以把失败的原因归为自己无法控制的原因，也可以归为那些我们能控制的原因。比如，当考试成绩不佳时，我们可以认为是因为自己学习不够努力，也可以认为是因为自己笨。学习不够努力是可以改变的，所以这个原因就能让人努力学习争取下次考得更好；而脑子不聪明是很难改变的，所以这个原因就会让人被失败打倒，因为人们此时会认为再怎么努力都没有用。

显然，要想培养孩子的自信，就要注意培养孩子良好的归因模式：

①将失败归因于努力不够、任务难度高、运气不好等外部的不稳定的原因，而不是能力不够这样稳定的内部原因；

②将成功归因于能力的提高等内部的稳定原因；

③不要让孩子认为聪不聪明是一成不变的，不要让孩子认为能力是天生的特性，而要教孩子形成能力增长观，即人可以靠努力提高自己的能力。

四、自信心的培养

总结上面对自信的分析，我们就可以知道为了培养孩子的自信心，父母可以像下面说的这样做。

（1）比起表扬孩子，关注孩子对培养孩子的自信心更有用。

比如你可以这么说:"我发现今天你在跟小朋友玩的时候,你把饼干给了……"关注点是让孩子发现自己做了什么,然后孩子会自然给出自己的评价。表扬则是直接告诉孩子他人的评价,比如:"你今天真棒,把饼干给了……"。

(2)多告诉孩子你的感受,少表达你的评价。

比如:"我很欣慰/开心/轻松……",这是表达你的感受;而"你真好/真棒/真了不起……"就是表达你的评价。

(3)当除了表扬不知道还能说什么的时候,你可以问问孩子自己的感受是什么。

比如,可以在孩子被老师夸奖后问孩子:"你是不是挺自豪的?"

(4)不要用表扬来强化成功的重要性,因为建立在成功基础上的自信是不可靠的,会让孩子害怕下一次是否能再次成功,从而产生不自信。

(5)让孩子多做他感兴趣的事,因为孩子能在这个过程中体会到自我掌控感,也就是"我能行"的感受,这是自信最重要、最牢固的根基。

(6)不要剥夺孩子自由玩耍的时间和机会,因为在自由玩耍中最容易体会自我掌控感。真正的玩耍不以结果论英雄,真正的玩耍不在意评价,只在意过程。

(7)告诉孩子他的行为给他人造成的后果,而不是评价孩子本身。比如,告诉孩子:"今天你帮我去取了快递,让我不必为了下楼而把正在烧的菜关火。"而不是只表扬孩子:"你真勤快呀。"

(8)在孩子成功时不要只是表扬孩子学习努力,还可以表扬孩子努力找到了好的学习方法等。

(9)在孩子失败时不要责备孩子能力不足,不要将失败归因于孩子的情绪、个性、品格，比如"你就是这么不合群""你真的是很笨"，但可以批评孩子不够努力，要强调孩子错误的暂时性和特殊性。

（10）父母要真正对孩子感兴趣，花时间和精力观察孩子，让孩子体会到你很在意他，而不是用表扬来让他开心。

（11）在孩子失败时，不要总是告诉孩子"没关系"，不要回避孩子的消极情绪，不要告诉孩子"不伤心、不难过"才是好的，不要急于给孩子讲道理，而要耐心陪伴孩子，倾听和接受孩子的感受。这样才能帮助孩子接受失败是正常的，自己是可以应对失败带来的痛苦的。这才是真正的自信，而不是空洞的"我一定能成功"。

（12）父母不要去做破坏亲子关系的事。良好的亲子关系会给孩子安全感，从而给孩子自信。

本节关键点

俗话说，万丈高楼平地起。高楼不是一下子就能建起来的，自信也不是几句表扬就能培养起来的。如果我们不想让孩子的自信犹如空中楼阁，就要重视孩子自信建立的基础。

第二节　时间管理就能治好孩子的拖拉行为吗

当你面临下一个阻碍或失败时，想象可能性，别逃跑。

——蒋甲

面对孩子的拖拉行为,关键在于对症下药。

拖拉行为跟感冒一样,看似稀松平常,实则大有学问。虽然感冒的表现看似差不多,但有的感冒可以通过身体自身的免疫力自愈;而有些感冒则是疾病的前兆,如果不及时治疗,可能出现严重后果。所以,小小的感冒要有针对性地区别对待。

同样地,拖拉行为虽然表现都差不多,但有的拖拉行为只是一时的表现,甚至是人的自我保护本能;而有的拖拉行为则有更深层的心理原因。所以,我们对待孩子的拖拉行为要像治疗感冒一样,找到真正的原因,对症下药。

在解释孩子的拖拉行为上有一个很常见的误区,就是我们只要看到孩子有拖拉行为,就说是因为孩子的时间观念不强,做事不麻利,以为加强孩子的时间观念就能解决问题。可是,在现实中我们会发现,这样的做法很难收到效果。时间管理只是技术层面的问题,而拖拉行为则更多是心理层面的问题。对拖延的研究发现,导致拖拉行为的最主要心理因素是冲动、不自信、责任感低、缺乏意义感等。而对孩子的拖拉行为来说,还要考虑到他们的大脑还没有发育成熟。

一、因大脑不成熟造成的拖拉

下面是我与一位妈妈的对话:

妈妈:我们家孩子五岁,有拖拉的问题,哪怕他很想做的事情,比如出去玩,跟他讲了早点准备好早点出去就能玩更久,他也认可,但影响不到他的具体行动。比如本来都要出去了,突然他又发现了其他好玩的东西,就玩去了。

我:注意力一下子就转移了。

妈妈：是的，他很想出去玩，前一秒很激动，后一秒突然又被别的物品吸引了。他好像更关注当下，就算出去玩很吸引他，但如果发现桌上有个玩具，那他就会去玩一下，当下的这个诱惑他拒绝不了。如果我们提醒他，他会改，但很快可能就又分心了。我们跟他说能不能不磨蹭，他说觉得挺难的。

对一个五岁的孩子来说，这样的行为表现很正常。

注意力不集中往往被人习惯性地认为是人为的坏习惯。但其实大脑的一个特点就是保持自己的注意力不集中。 为什么会这样呢？我们可以换一个角度来理解注意力不集中——注意力不集中在一个点上，就意味着注意力在不断转移。而注意力不断转移对人类祖先的生存至关重要。注意力的不断转移能帮助他们及时发现周围出现的捕食者，摘到尽可能多的果子，发现尽可能多的猎物。在那样的生存环境下，注意力不集中在一个目标上这个特点就是合理的，这就是所谓的"生态理性"，也就是环境决定什么是合理的。而人类的进化是很缓慢的，所以现在的我们也遗传了祖先的这个特点，只不过社会进步比我们的进化快多了，那么，注意力不集中在我们眼里就变得"不合理"了。

当然，我们的大脑里也有一套帮助我们集中注意力、进行行为计划和控制的神经系统，其中最重要的就是前额叶皮质。没有它，我们就无法控制自己的行为，无法有计划地行动，只会冲动地由着自己的兴趣行事。这是不是很像小孩子的行为？而孩子之所以如此，就是因为他们大脑中的行为抑制系统，尤其是前额叶皮质，发育还相当不成熟。从这个角度理解孩子的行为，就会发现孩子身上一些令人费解的行为其实很好理解，不是他们不想坚持做完一件事，而是他们做不到控制自己，就会被新的事情吸引过去。

尽管不情愿,但我们只能接受这个现实,孩子的行为跟不上我们的期待。我们也就不用将它扩大化为"孩子的专注力有问题"。

当然,这也不意味着我们就什么都不能做。除了等待孩子大脑的成熟,我们还可以帮助孩子训练他们的大脑,学着控制自己的行为。具体应该怎么做呢?

第一,我们需要用到上一章讲的行为规范。比如,你要跟孩子一起出门,就提前帮他把衣服、鞋子、袜子找好,告诉他穿好了就要出门,你自己同时也开始穿衣服,穿好了告诉孩子穿好了要走了,说的时候要用平静坚定的态度。这是你在承担孩子的前额叶皮质的功能,就是帮助孩子明确目标和限制条件。可能刚开始的时候孩子没那么配合,还是会磨蹭,反复试探你会不会真的走,后来发现你不给他商量的机会,他就知道要穿上衣服跟你走。像上节讲的一样,这样做的目的是让孩子通过亲身体验结果来决定自己的行为。这个问题就转化为帮助孩子练习用理性进行选择、承担后果的一个机会,而这些练习就是在培养孩子的自控能力。

第二,对孩子多说"要",少说"不要"。比如我们可以把"不要老是拖延"改成"我们要早点出门"。这样做的原因就在于前面提到的孩子的行为特点,他们更擅长开始。"不要"是克制现在的行为,而"要"是开始一个新的行为。对孩子来说,做到后者要容易得多。

第三,让孩子远离令他们分心的诱惑物。前面我们说到,大脑的常态就是注意力不集中,所以保持注意力的集中对成人来说都不容易,让孩子在眼前的诱惑面前保持注意力集中是很难的。所以,父母不要让孩子坐在一堆玩具中间准备出门,而是直接把他们带到门口做准备,减少他们分心、拖拉的机会。

第四，保证孩子充足的睡眠、健康的饮食和适度的运动。人们总认为控制自己的意志力只是心理作用，只要自己愿意就能产生意志力。实际上，自控力和意志力离不开生理能力。我们可以向大脑的前额叶皮质发出"坚持做完"的指令，但大脑需要经过一系列非常复杂的生理变化，用神经系统调动肌肉的力量才能执行这一指令。在这个过程中，前额叶皮质需要能量来让兴奋的大脑和身体冷静下来，并跟其他神经系统共同努力，才能踩下行为的刹车。所以，心理和生理是紧密联系的。

自控力、意志力这样的心理素质离不开健康的生理状况。充足的睡眠、健康的饮食和运动是这一生理过程顺利进行的保证。比如，当睡眠不足的时候，葡萄糖就难以被细胞所吸收，前额叶皮质也就没有充足的能量供应，人的自控力就会下降；同时，睡眠不足导致大脑中的警报系统无法很好地跟前额叶皮质协同工作，前额叶皮质无法让警报系统安静下来，从而导致身体产生大量的压力激素，让人进入亢奋的状态。这样，人就会一边觉得自己该控制自己，一边又控制不住自己。想想我们在该睡觉时却不断看着手机的情况吧。而孩子的大脑本来就没有发育成熟，所以，孩子在缺少睡眠、身体不健康时，更难很好控制自己。

第五，将孩子的注意力用在最需要的地方。"注意力"是一种有限的资源，尤其是对大脑还不成熟的孩子来说，所以，期望孩子像成人一样做所有的事都很麻利是不现实的，因为孩子就是孩子。

二、因缺乏规则意识造成的拖拉

基于数十项涉及数千名被试的研究表明，冲动以及人格特质中的责任感低、自控能力低，是拖延的核心原因。对于年龄小的孩子来说,冲动、自控力低可以归咎于大脑中的前额叶皮质发育不成熟。但是,这并不是说只要前额叶皮质发育成熟,人就能很好地控制自己。人不是机器。要让机器运行良好,只需要配好零件就可以,但人的行为还受信念、观念的影响。规则意识就是对自控力有关键影响的信念。所以为减少冲动带来的拖拉行为,培养孩子的规则感是非常关键的。如果不注意培养孩子的规则意识,那即使随着年龄增长,孩子的前额叶皮质成熟了,孩子的自控能力依然会有问题。缺乏规则感对孩子的影响以及如何培养孩子的规则感请参考上一章"行为约束"的内容。

三、压力过大造成的拖拉

下面是我与一位妈妈关于孩子拖拉行为的对话:

妈妈:昨天晚上已经八点了,孩子还有一项数学作业就写完了,可她就是拖着不写,一直拖到我吼她,她才去写,结果很快就写完了,我不明白她为什么要拖呢?

我:孩子白天的安排紧张吗?

妈妈:白天上学,放学后去上了课外班,回来就吃饭了,吃完饭开始写作业。我也心疼孩子,但赶紧写完不就可以早点休息吗?

前面我们讲到压力对自我控制的影响,因为睡眠不足、饮食不健康、缺乏运动就是一种对大脑的压力。当人感受到压力的时候,大脑会做出本能的应激反应,分泌肾上腺素、皮质醇这样的压力激素。它们能升高血压、心跳,调动身体储存的葡萄糖和脂肪,分解并进入血液,从而调动身体的能量应对压力。所以,在拖到期限前"最后一分钟"时,很多人好像反而能飞快地完成任务,其实就是压力应激反应的作用。

但同时，面对压力的大脑会发生复杂的化学反应，阻止前额皮质发挥行为计划和自我控制的作用。所以，压力过大会导致我们的自制力下降。此时虽然我们知道拖拉不好，也并不想自己拖拉，却就是管不住自己。

而且，压力和拖拉会形成恶性循环——因为压力，所以拖拉；而人在拖拉中会因引起他人的恼怒，以及对自己造成的不利后果而感到内疚、自责，从而自我否定，认为"拖拉就是自制能力不强，就是意志力不坚强"，这些情绪和想法又会形成更大的压力，进一步导致拖拉，从而形成一种恶性循环，加剧拖拉行为。

如果压力过大或过于频繁，大脑就要过于频繁地在应激反应和放松之间来回调节。压力积累到一定程度，孩子还在发育中的大脑神经系统就容易出现问题，表现为行为、情绪问题，比如发脾气、无法集中注意力、自控能力差等。

所以，有些人错误地以为拖拉就是因为压力不够大、动力不够导致的。实际上，压力过大反而会导致人用拖拉来消极地逃避压力。对于孩子来说，一直过着压力过大、过于紧张的生活不仅不能提高行为效率，反而会导致孩子出现习惯性的拖拉行为。就像例子中的孩子，用拖着不写作业来应对过于紧张的生活。

如果孩子的拖拉行为是因为压力过大造成的，那么我们除了在学习上让孩子做到张弛有道，保证充足睡眠、健康饮食和锻炼之外，还要帮助孩子找到有效的解压方法。比如：锻炼或参加体育活动、阅读、听音乐、与家人朋友相处、按摩、外出散步或做瑜伽，以及培养有创意的爱好。而最没效果的缓解压力的方法则包括：购物、喝酒、暴饮暴食、玩游戏、上网、花两小时以上看电视或电影等。

四、因不自信造成的拖拉

有 39 项涉及近 7 000 名被试的研究发现,自信不足是非常常见的导致孩子产生拖拉行为的原因①。

为什么不自信会导致拖拉行为呢?

第一,不自信的人通过拖拉来获得稳定的自我价值感。在前面"自我同一性"里我们谈到,人需要稳定的自我。不自信的人虽然也渴望成功,但因为成功与他们心里的自我形象不相符——他们会认为自己是没有成功的资格的,于是他们用拖延来证实这一点——"你看,我果然是做不成什么事的"。

第二,不自信导致很难开始。不自信的人总是对自己的期待很低,会认为自己再努力也不会达到目标,做事的积极性自然就会降低甚至消失,那么反映在行动上就是很难开始。不开始,也就是拖拉。越不自信就越难专心做事。很多拖延者通常都缺乏自信,尤其是对那些他们一再推迟的任务。如果孩子拖着不做学校功课,一个可能的原因就是孩子觉得自己能力不足,功课太难,没有信心能很好地完成。

第三,不自信的人会有意无意地利用拖延行为来保护自己的自我价值。不自信的人总担心自己不够好、没有价值,于是他们很害怕面对能证明自己"不够好"的事实,也很害怕别人发现自己"不够好",而为了不让这些情况发生,拖拉就变成了一个好方法。虽然他们也不想拖拉,但跟让人发现自己的不够好相比,拖拉却变得有好处了。所以,拖拉反映的是恐惧失败的心理,拖拉的后面是不

① 皮尔斯·斯蒂尔.战拖行动:四大方法告别拖延[M].北京:北京联合出版社,2019.

自信。如果用拖拉来解释自己失败的原因，就不用面对"自己的能力不行"这一想法，甚至还可以让自己坚信：我是很有能力的，我只是拖着没去做。所以，不自信的人有意无意地通过拖延来安慰自己，让自己相信：自己的能力是一回事，而自己的表现是另一回事。也就是说，因为拖拉的存在，自己的表现并不能说明自己的真实能力，也就不能证明自己的无能或没有价值。有些人宁愿承受拖延带来的痛苦后果，也不愿意承受努力之后却没有如愿以偿所带来的羞耻感。对他们来说，责备自己懒惰、没有效率和不合作比把自己看成无能和无价值更容易忍受，而拖拉就可以让这种恐惧——"如果我做得不好，谁会需要我呢？如果我一无是处，谁又会爱我呢？"——有所缓和。

那么，当孩子是因为不自信而拖拉，家长应该怎么办呢？

当然，最根本的解决办法是提高孩子的自信，可以参考上一节关于自信的内容。

提高孩子的自信是需要时间的。在此期间我们可以用下面这些方法来帮助孩子面对不自信：

第一，理解和接受孩子因不自信产生的沮丧等情绪，帮助孩子把这些情绪表达出来。我们可以问孩子："感觉作业太难了吧？是不是觉得自己做不好？"情绪是一种信息，如果我们接收到这种信息，情绪就更容易消失；否则，情绪就会一直堵住我们理性思考和行为的路。

第二，帮助孩子把目标设定得更具体、实际，把大目标分解成多个小目标。比如，把作业分解成能用具体的语言来表达的小目标，并估算每个小目标所需的时间，以及具体所需完成的工作。目标一定要具体。比如，不要把目标定为"写作文"，而要定为"用20分钟跟妈妈讨论跟作文相关的话题,然后用 40 分钟写出 600 字的文章"。这样做就把抽象的目标具体化了。具体的目标要包括具体应该做些什么、在什么时候完成。具体的目标比抽象的目标更容易让人产生动力,让人感到更容易完成,从而减少感觉难以完成而产生的抗拒心理。

第三,帮助孩子解决"启动的障碍"。前面我们说到,不自信会导致行动很难开始。所以,教孩子从一个小到让自己感觉非常容易的目标开始"破冰"。比如,可以告诉孩子"你首先只需要把作业本从书包里拿出来,然后就可以去休息两分钟,再回来把作业本打开,把第一项作业看明白,然后再去休息两分钟,再回来写两分钟"。当孩子看到自己已经开始完成任务时,任务就会显得没那么难了。

上面这些方法虽然会有用,但并不能从根本上解决孩子因不自信而导致的拖拉行为。所以,除了用这些方法治标外,还要在生活中帮助孩子提高自信来治本。

五、注意力障碍造成的拖拉

注意缺陷障碍是一种认知障碍,有三种核心症状:注意力分散、冲动和躁动不安。研究发现,注意缺陷障碍患者的额叶相对比较小或者不够活跃,而这些区域正是维持注意力、规范冲动、计划未来以及实施自我控制的中心区域。不过,对一些患有注意缺陷障碍儿童的研究也发现,他们额叶的发展比正常儿童晚三年,也就是说,与调整注意力和身体运动机能最相关的大脑区域在生长过程中滞后了,这一发现解释了为什么有些儿童的注意缺陷障碍症状会在成长的过程中消失。

如果家长怀疑孩子有注意力障碍问题，建议请专业人员进行诊断和帮助。

六、其他原因造成的拖拉

除了上面说的原因，还有其他一些因素也会造成拖拉行为。

(1)意义感的缺乏会造成拖拉行为。"我想不想"是影响人的行为的根本因素。在有关孩子学习的拖拉行为中，找不到学习的意义感是重要原因。这个问题将在下一节的自觉性中展开讲解。

(2)情绪管理能力差会造成拖拉。前面说到大脑中前额叶皮质负责理性思维、计划和自我控制。大脑是一个整体，所以前额叶皮质总是会与大脑的情绪中枢相互影响。当情绪管理能力差，也就是前额叶皮质很难安抚情绪中枢时，人就很难控制自己，很难按计划规划行为。关于情绪管理能力培养的内容，请看第四章中的详细讲解。

让我们再来看一个例子。这是我与一位对于孩子拖拉行为犯难的妈妈的对话。

妈妈：他爸爸的观点是，从小事开始，做个计划。比如早晨这段时间，列个计划，如果他一周都做到了，周末可以有点小奖励。做不到也不惩罚他……

我：以孩子的年龄和我对你们的了解，我想你们可能还是需要更多地退出，让孩子为自己负责。这不仅让他自己的事情自己做，而且让他有更多的决定权和空间，即使他不愿意，也要让他自己决定；还有，让孩子有无聊、发呆的时间，不要把孩子的时间占用得那么多；注意家长自己的完美倾向，这种压力会影响孩子，拖拉有可能就是一种消极怠工,因为对孩子来说满足潜在的完美目标太难了;至于奖惩,我不支持,因为那是治标不治本,长期来看,反而会增加孩子不为自己负责的可能。

妈妈:那我们是不是可以和孩子讨论一下他早上磨蹭的事。让他自己出个主意,想想怎么改变? 我可以提供什么帮助? 我也不喜欢物质奖励,但是又不知道怎么进行正面的鼓励、激励。

我:这是个很好的办法,不过前提是前面几个问题得到解决,否则孩子可能会抗拒。父母的激励、鼓励是外在的刺激,孩子确实是需要的。但如果不注意培养孩子的内在激励,那外在鼓励就会越来越失去作用。我刚才说你们要更多地退出,其中就包括逐渐减少对孩子的外在奖励。

妈妈:我其实很少奖励他什么,基本是口头表扬。

我:是的,不奖励很好,但心里是否希望孩子达到自己想要的目标,孩子是能感受到的。

妈妈:但是,我确实觉得太"无为而治"了,这真的是一件好事吗?

我:并不是无为,而是积极地让孩子学着为自己的生活负责,并让他感到你随时都会帮助他。"good boy"这种表扬对狗狗很管用,但对孩子而言作用并不大。

妈妈:表扬的时候,我也是发自内心的……批评的时候也很真实。我心里的目标是那样,自己也降低不了。

我:嗯,关心而不过多介入,做到这点很难,需要父母对生活有足够的体会和信心。

妈妈:确实是。

本节关键点

父母与其把孩子的拖拉行为看成态度问题，不如看成能力问题。而能力的缺乏有可能是欠缺规则感、缺乏情绪管理能力，也有可能是其他方面的心理问题导致孩子的能力出现问题，还有可能是生理方面的问题导致的。孩子的拖拉行为背后有不同的影响因素，而且这些影响因素之间还会相互影响。比如，父母对孩子的过度保护会造成孩子不自信和自我控制能力低，孩子自我控制能力低导致孩子与同学、老师的人际关系差，进而加深孩子的不自信，导致孩子更加拖拉。

第三节　学习自觉性不只是态度问题

持志如心痛。一心在痛，人安有工夫说闲语，管闲事。

——王阳明

前面我们讲解了孩子的拖拉行为。现在我们来讲解一个比拖拉行为更复杂的问题——自觉性。

孩子在学习上没有自觉性，是一个让父母感到头疼又挫败的问题。在别人家的孩子身上，自觉性好像天生就有；而在自己家的孩子身上，父母怎么说也没有用。很多父母为了解决孩子不自觉的问题，把各种道理掰开了、揉碎了讲给孩子听，希望孩子能听懂道理，改变学习态度，从而自觉地行动。但这样的苦口婆心往往也以失败告终。

自觉性到底是怎么形成的呢？其实,父母的道理对孩子没有用,是因为自觉性和拖拉行为一样不只是态度问题,并不是端正了态度就能做到自觉。如果片面、简单地将自觉性归为态度问题,那就犯了方向上的错误。方向错了,再怎么努力,都无法达到目标。事实上,自觉性这种行为表现后面的心理机制很复杂。其中很重要的一个影响因素是人的动机。如果你试过很多方法都无法调动孩子的自觉性,那很可能是你不太了解孩子动机的产生。下面我们一起来从动机的角度理解自觉性到底是由什么决定的。

一、自觉是一种内隐动机

1. 什么是内隐动机

人的动机有时候简单明了,比如饿了就想吃东西。但有时候人的动机又让人难以捉摸,比如,为什么有人喜欢看恐怖片？他们为什么喜欢做这种类似"自虐"的行为？这种行为背后的动机又是什么呢？

让我们从人的需要开始。人天生有吃喝、安全、自尊等需要,当这些需要没有被满足的时候,人会产生紧张感;在这些需要被满足后,这种紧张感就消失了。不仅如此,在紧张感缓解的过程中,人还会产生一种快感。于是,人就产生了一种动机——通过故意去寻求一种可控的紧张感,来获得这种紧张感缓解后产生的快感。看恐怖片就是先是感到害怕,给自己制造一种紧张感,然后就能体验到紧张感缓解的快感。所以,"想体验紧张感缓解的快感"就成为人们既害怕恐怖片又很想去看的一个重要动机。

这样的动机跟"饿了想吃东西"的动机不一样。它能影响我们的行为,但又不被我们意识到。意识并不能捕捉到我们所有的动机。

这些我们意识不到的动机就叫内隐动机。所谓内隐动机，并不是一个人要隐瞒的动机，而是一种隐藏在意识之外的动机。而那些我们能说出来的动机就叫外显动机。

2. 自觉性是一种内隐动机

我们为什么要在这里区分内隐动机和外显动机呢？因为自觉性很多时候并不是我们希望的那样，是可以被我们自己的意识控制的外显动机，而是更为隐秘的内隐动机。

我的儿子上初中的时候，在一次家长会上，班主任非常有心地请来自己以前教过的三位同学。这三位同学已经升入高中，在各方面都非常优秀，学习成绩在全年级名列前茅，喜欢体育活动，同时还在班里或年级担任学生干部。他们落落大方地跟家长们交流着学习心得。我们这些父母当然对他们很感兴趣，问了他们很多问题，希望找到他们成功的秘诀。谈来谈去，焦点落在了自觉性的问题上。一位爸爸问道："这就是问题所在啊，你们怎么这么有自觉性呢？"我看到，这三个刚才还在侃侃而谈的孩子听到这个问题后都不由露出了不知所措的神情，相互看看，都不知如何回答这个问题。

这三个很有学习自觉性的孩子说不出自己自觉学习的动机，就是因为这种动机是一种内隐动机。内隐动机就是这样在不被我们意识的情况下，深深影响着我们的行动。

3. 对自觉性的误解

因为我们意识不到内隐动机，所以人们常常想当然地简单化自己和他人的内隐动机。很多人在找不到行为合理动机的时候，就会用最直接最简单的方法去解释，比如归咎于人性的弱点。在生活中，人们提到自觉的孩子时把他归类为"天生就知道努力"的一派,而提到不自觉的孩子时,就把他归类为"你怎么这么懒"的一派。

我们的大脑最擅长的就是找理由,于是我们总能为各种行为找到自己的理由。但是,如果找不到真正的行为动机,只是将行为简单粗暴地归咎为某个看似合理的动机,是解决不了问题的。正如懒惰不可能是所有的原因,一个"懒"字也解释不了所有问题。简单化动机还会导致不现实的预期,比如父母会认为:"你是个学生,自觉学习不是你应该做的吗?为什么你做不到?专心一点,认真一点,有那么难吗?"这些误解和不现实的预期不仅解决不了孩子的问题,而且还会导致父母不必要的焦虑和挫败感。

可能有的家长还会找其他简单的理由"不好好学习就是因为没吃过苦,小时候没人管我们、教育我们,我们不是也很自觉吗?现在的孩子就是生活太好,反正学习好不好都不愁吃喝,所以让他们去吃吃苦,他们自然就知道好好学习了"。

这话当然不是没有道理。生存和安全需要是人基本的需要,当基本的吃住生活需要不能满足时,就会让人产生紧张感,从而产生行为动机。但这种理解会带来其他问题:

难道只有生存需要才能激发学习自觉性吗?所有的人都是为了生存才学习吗?难道孩子只有在生活得不到保障的时候才会自觉学习吗?

生存需要是一种匮乏需要。所谓匮乏需要就是说因为缺乏才产生的需要。而匮乏需要的特点是一旦这种需要被满足,它就会消失,动机也就随之消失,就像人饿的时候就会想吃东西,吃饱了以后因为饿产生的吃东西需要就会消失。如果学习自觉性都是由生存需要刺激产生,那么这种学习自觉性即使产生,也是不可能持续的。

所以，把学习自觉性的动机归为生存需要的理解是过于简单粗暴的。吃不饱饭或受苦受累可以让孩子产生自觉学习的动机，但并不是只有吃不饱饭、受苦受累才能让孩子产生自觉学习的动机。而且，在现实生活中我们也看到不少家庭经济状况不佳的孩子早早辍学，生存需要的匮乏对他们来说并不是一定能催生出自觉学习的动机。

因此，要想培养孩子的自觉性，我们就需要去找到自觉性后面的内隐动机。

根据当代动机理论，我们可以从动机的两大来源去寻找，一个是人的需要；另一个是人的信念、价值观、目标。

二、由需要产生的自觉性

1. 需求理论

需要是人天生的驱动力，会促使人以某种方式思考、感受和行动。

从表面看，人的需要多种多样。动机心理学家梳理了这些需要，提出了不少需求理论来帮助我们理解人的需求，其中最著名的就是马斯洛提出的需求理论。马斯洛认为，驱动人行为的基本需要是分层级的，按强度和先后顺序依次是生理需要、安全需要、归属需要、尊重需要和自我实现需要。

生理需要：为了生存和繁衍的需要，比如对食物、水、睡眠等的需要。

安全需要：得到安全保障的需要，比如对安全住所和环境的需要。

归属需要：被某个群体接纳的需要，比如参加某个团体的需要等。

尊重需要：自尊和被他人尊重的需要。

自我实现需要：实现自己潜能的需要，即越来越成为独特的自我，完成自己能够完成的事情。这是最能展现人性的需要。它跟其他需要的根本不同在于只有它不是匮乏需要，也就是说，自我实现需要的产生不是因为匮乏。

除了马斯洛的需要理论，现代动机理论的早期理论家之一的默瑞也提出了一个需要理论。他认为人的基本需要包括成就的需要、维护地位的需要、社会权力的需要、社会情感的需要。

还有的理论家提出三种基本的人类心理需要：能力的需要、自主性的需要、关系的需要。

2. 产生学习动机的需要

既然上面这些需要是人的基本需要，自然就会在人的各种行为后面找到它们的影子。拿学习来说，最直接、最容易理解的动机就是因生存需要而产生的学习动机。让孩子吃点苦，体会到生活的不易，孩子就能在学习上更自觉，这就是生存需要产生的学习动机。但人的基本需要有这么多，不只是生存需要才能给孩子学习的动力。其他需要也能产生学习动机，比如：

（1）认知需要：马斯洛最为人熟知的是上面提到的那五种需要，但很多人不知道的是他在这组需要之外还提出了一种人类的基本需要——认知需要，也就是认识和理解的需要。人天生对周围怀有好奇心，甚至不惜冒风险也要满足自己的好奇心。这就是认知需要的表现。如果把学习定义为认识和理解世界，那么认知需要会帮助孩子产生学习动机。

（2）成就需要：这是动机心理学家研究得最多的一种动机。成就动机是一种想做得更好，获得成功和感到有能力的愿望。成就需要当然也会产生学习动机。

（3）尊重需要：它表现在人对社会地位或其他形式的社会成功、他人的认可等的追求，人们希望通过获得这些来得到他人的尊重，也表现在人对自我价值感的追求，以获得自尊。这些目标可以通过学习来获得，所以人的尊重需要也能激发人的学习动机。

（4）自我实现需要：自我实现需要追求的是实现自己尽可能多的潜能。在现代社会，这离不开学习，所以自我实现需要自然也能激发孩子的学习动机。

3. 破坏学习动机的因素

既然这些需要都能产生学习动机，那为什么在一些孩子身上没有形成学习自觉性呢？因为需要有一些特点：

第一，需要是分层的。每种需要对人影响的力度不同，越是基础底层的需要对人的影响越强大。生理、安全需要对人的影响就要强于自我实现需要对人的影响；越是顶层的需要越容易被环境影响甚至破坏。比如，人在处于危险中时，生存、安全需要总会形成强大的动力，而自我实现需要则很脆弱，很容易被外界因素所破坏。马斯洛在他的书里对自我实现需要是这样描述的："追求自我实现的内部倾向不像动物的本能那样强大、有力且显而易见。它如此微小、脆弱、微妙，以至于很容易被习惯、文化压力和错误态度所压倒。"

第二，每个人都有自己独特的需要层次。各种需要会影响每个人，但对每个人的影响是不同的。比如，有的人身上的成就需要大于社会情感需要，那么他就会淡化或舍弃某些情感需要；而有的人身上的自我实现需要大于尊重需要,那么他就会像司马迁那样宁愿承受腐刑的折磨也要完成作为史学家的任务,就是写完史记。

第三,每个人的需求层次受先天特点和成长经历的共同影响。家庭、教育等都会影响孩子的需要层次。比如,孩子在成长过程中没有自主的机会和空间,那到了青春期时,渴望独立自主的需要就会成为孩子首要的需要,从而压制认知需要和能力需要等其他需要,那么孩子的行为表现就是叛逆,不认真学习。

了解了需要的这些特点,我们就可以找到孩子学习动机被破坏的原因:

(1)为什么孩子没有因为认知需要而对学习保持好奇心,从而自觉投入学习呢?很有可能是因为孩子先天的认知需要被后天环境破坏了。比如,让孩子过早进行超过孩子认知能力的学习,导致孩子对学习产生抵触,对学习形成"学习就是为了得高分、为了让父母和老师高兴"的观念,那么他们对学习的兴趣就消失了。

(2)为什么成就需要没有激发孩子学习的动力?孩子的成就需要建立在独立性的基础上,如果父母从小对孩子过于关注、溺爱,没有让孩子培养独立性,总想依赖他人,或者孩子很少有机会能体验到依靠自己战胜困难和迎接挑战,那孩子的成就需要就可能不高。同时,如果孩子不够自信,那他们不敢相信自己能取得成就,成就需要也就不可能高。

(3)为什么自我实现需要没有让孩子为了实现自我而努力学习?自我实现需要在马斯洛的需要理论中处于最上层,也就意味着它比其他需要都更脆弱,更容易被破坏。如果孩子的底层需要没有得到满足;如果环境对孩子有过多的限制;如果孩子太在意他人的评价,没有独立人格和思考能力;如果孩子的自我独立性没有得到很好的发展，对于自己是谁、自己想要什么不想要什么、自己的优点和缺点都不够清楚和稳定；如果孩子不够自信，那么孩子的自我实现需要就很可能就会被破坏。

三、由信念、价值观、目标产生的动机

人之所以为人，就是因为人并非只受天生需要影响，还受到信念、价值观、目标的影响。实际上，相比于需要，当代动机理论更看重人的信念、价值观、目标对人的影响。

那么，人的信念、价值观、目标是怎样影响孩子的自觉性的呢？有一个公式可以帮助我们理解：

自觉性=我想不想×我能不能

自觉性取决于"我想不想"和"我能不能"这两个因素的共同作用。这两个因素只要有一个不存在，自觉性就会消失。只有"我能"的同时也有"我想"，人才会产生对某件事的自觉性。比如，一个孩子想把学习搞好，但他认为自己没有能力学好，那么他不会自觉地学习；相反，如果一个孩子知道自己只要好好学就能学好，但他认为学习没有意义，不想学，那么他同样不会有学习自觉性。只有当这个孩子认为学习对自己有意义，同时相信自己有学好的能力，他才会自觉学习。

所以，一个孩子要能自觉学习，就需要有"我想学习"的想法，并且相信"我能学好"。请注意，不仅"我想学习"是观念，而且"我能学习"也是想法，并不等于真实的能力，它们都建立在这个人的信念、价值观和目标的基础上。

所以，我们要培养孩子的自觉性，关键就在于找到那些能影响孩子产生"我能不能"和"我想不想"的因素。"我能不能"主要在于孩

子的自信,在前面的内容中我们已经讲过,下面我就来说说"我想不想"的问题。

四、"我想不想"的影响因素

"我想不想"是一种意愿。怎么让孩子产生意愿?就像前面说的,很多父母总是想通过给孩子讲道理来促使孩子产生学习意愿,好像能把道理讲到孩子的心里就是教育,但是结果往往是孩子"油盐不进"。不是父母讲的道理不好,也不是因为孩子故意要跟父母作对,而是因为这种方法低估了人的复杂性。人不是机器人,不是将道理像算法一样输入进去,就能产生意愿和行动的动力。

我们要帮助孩子产生对学习的意愿,就需要了解"我想不想"的影响因素。研究"我想不想"这个问题的动机心理学理论认为,影响"我想不想"的因素包括以下六个方面的内容:

1. 任务的价值

一个人要想做一件事,那么这件事就一定对这个人有某种价值。比如,一个人选择骑自行车,也许是因为骑自行车的过程能让他感到开心,那么骑自行车对他就有着内在价值;也许是因为他认为骑自行车能保持身体健康,那么骑自行车对他有着效用价值;也许是因为他认为骑自行车是件很酷的事,那么骑自行车对他有着成就价值;也许是因为骑自行车锻炼身体不需要花太多钱,那么骑自行车需要他付出的代价小。

所以,如果一件事对人有内在价值、效用价值、成就价值中的一种或几种,而且代价没有大到超过前面的价值,人就会产生做这件事的意愿。

- 内在价值：指完成这件事能带给人快乐或满足感。
- 效用价值：指完成这件事能帮助到另一个目标。
- 成就价值：指完成这件事本身对人具有重要性。
- 代价：为完成这件事而必须放弃的其他机会。

对同一件事情，不同人的信念、价值观和目标不同，就会对上面几个价值和代价给出不同的答案，从而影响这个人对这件事的意愿和动机。比如，在选择工作的时候，一个受现代女性观念影响的女性，和一个受传统女性观念影响的女性，就会对同一个工作的价值和代价有不同的看法和选择。

孩子要对学习产生自主的意愿，也需要从学习中得到一种或几种价值。孩子或者要在学习中得到乐趣、快乐或满足感；或者要相信学习能帮助她完成自己的其他目标；或者要认为学好功课很重要。而且，孩子不会感觉自己为了学习付出太大的代价。

2. 动机最近发展区

只有孩子用自己的生活经历和认知能力能理解的事情才能让孩子产生动机。前面我们讲到，孩子不是缩小版的成人，他们对世界的理解受限于他们的认知能力发展；同时，孩子没有足够的生活经验，所以对事情的理解程度无法达到成人的水平。比如，没有体会过生活艰辛的孩子，怎么能真正理解学习是为了更好的生活？

在教育上有一个"最近发展区"的概念，就是指那些用现有认知能力水平稍微多思考一下就能消化的知识。借用这个概念，我们就可以理解动机最近发展区。比如一个想当考古学家的孩子了解到考古学家需要在论文中用到数学，那么孩子就很可能会产生学好数学的动机，因为这是一个孩子在当下能理解的目标。

3. 自主性

"我想不想"当然要发自内心才有用。发自内心的动机就是内在动机。内在动机就是人出于自己的兴趣、按自己的意愿行动。对应地,外在动机则是出于奖惩或按照他人意愿行动。内在动机的产生需要一个前提,就是一个人能自由选择自己的行为。这也就是说,要让一个孩子对学习产生自觉性,就要首先给这个孩子足够的自主性。如果孩子从小就生活在他人的安排下,什么事情都由父母安排好,没有发展自主性的机会和条件,那么孩子是很难对学习产生自觉性的。

4. 沉浸式体验

所谓沉浸式体验,是指一个人在做某件事的过程中体验到进入"忘我"境界的感受,也可以称之为"心流"。这种感受的出现要有两个条件:一个是这个人已经具备完成这个任务的基本能力;另一个是完成这个任务需要这个人付出相当的努力。沉浸式体验好比人们完成任务的奖励,有过沉浸式体验的人会为了再次享受这种体验而产生动机。

对学习来说,如果孩子从来都是被逼着去学习,或者为了某些外在奖励而学习,那么孩子很难体会到学习带来的乐趣和成就感,就不可能产生由沉浸式体验带来的学习自觉性。所以,父母跟孩子聊学习的时候,要多聊聊孩子在学习过程中的感受,而不只是盯着孩子的学习成绩。

5. 目标

目标对人有着重要而深远的影响。在前面讨论自信时我们讲到,掌控定向比成绩定向更有利于自信心的培养。不仅如此,目标的选择还影响人的意愿。比如,有研究发现,高成就的学生在社会责任感、成就目标上都比低成就的学生有更高的水平。其实,目标跟意义感紧密相连。

人与动物的区别在于人是"意义动物",生来就会寻找行为的意义。孩子的学习自觉性要建立在他们生活中找到意义感的基础上,因为意义感能帮助他们树立学习的目标。可能很多人会认为孩子的意义感很难培养,其实可以从孩子的理想入手。理想是一个现在常被认为"高大空"的概念,但实际上,没有理想的孩子很难找到学习的意义感。

6. 兴趣

兴趣促使人产生动机,这一点在本书中不做过多的讲述。

五、如何从"我想不想"入手培养学习自觉性

从上面我们可以发现,意愿不是简单靠听别人的道理就能产生,而是在很多方面综合培养的结果。父母要培养孩子的学习自觉性,也需要我们在孩子生活的方方面面进行培养。除了之前说到的自信培养,父母还要注意以下几个方面:

(1)多关注孩子的学习过程,少关注孩子的学习结果。只关注学习结果会让孩子难以体会到学习的乐趣。

(2)注意孩子学习任务的布置安排,不要让孩子感到太难或太容易。只有当任务难度在孩子现有能力下再加点努力就能达到的程度,才可能让孩子在学习中体会到乐趣。

(3)培养孩子的自主性。内在动机的前提是自主性。父母要

想培养孩子的自觉性,就要先给孩子自主权,培养孩子的自主性,包括从小给孩子足够的自由安排时间和机会、鼓励孩子自己的事情自己做、鼓励孩子发展自己的兴趣、避免对孩子过度宠爱和过度关注等。

(4)不要给孩子灌输过于功利的学习目标,而要鼓励孩子找到自己的理想,并帮助孩子认识到要实现理想离不开勤奋的学习。这并不是因为理想主义,而是因为人生来就需要意义感,理想就是一个人对未来的期待和给自己的意义感。理想可以是为社会做贡献,也可以是实现自己的兴趣。没有理想、没有对未来的期待,孩子不会清楚学习对自己到底有什么意义。

在孩子还小的时候,可能因为"我学习好,别人会喜欢我"而学习,但当孩子进入青春期,这样的理由就很难激励孩子了;正如前面"青春期的作用"里说到的,青春期孩子的最重要任务就是找到自己真正想要的,如果孩子一直没有培养起对未来的期待,就很容易陷入无意义的颓废状态,对待学习的状态就会很消极,甚至放弃学习。

(5)培养孩子的亲社会性。也就是我们要让孩子对他人和世界抱有友善的看法,愿意帮助他人,这种超越自我成就的目标更利于让孩子找到学习的动力和自驱力。

本节关键点

无痕的教育是最高级的教育。所谓了无痕迹,就是踏踏实实打好基础,其余的交给时间,自然水到渠成、开花结果。孩子的学习自觉性就是这样一个水到渠成的结果。父母不能指望靠几句道理就换来孩子的自觉性,而要在孩子的成长中打好基础,让自觉性在孩子心里慢慢生根发芽。

写在最后

在很多年前的一个晴朗的冬日,我走进靠近北京西南五环的一个小区,在有些寂寥的道路上穿行几分钟后,找到了那家不怎么起眼的击剑训练馆。我进去一看,练剑的孩子寥寥无几。为了了解更多的信息,我找到了教练。这是一位爷爷辈的教练。跟教练聊了简单几句话后,我就决定让我的孩子跟他开始学习击剑。促使我下定决心的是教练的一句话:"不用很快给孩子买训练服,因为他们头几个月都用不上,他们要用几个月的时间练习步法基本功。"

击剑的步法基本功讲起来很简单,两分钟的练习就能让新手学得像模像样。如果紧接着教些漂亮的技巧,加上赏心悦目的服装,很快就能"速成"出身手看起来不错的击剑学生。但我知道再漂亮的大厦,如果没有根基很快就会摇摇欲坠。如果没有足够练习,那在稍微复杂的后续练习中,步法就会变得毫无章法,而这就意味着为对手提供了击败自己的机会。真正的高手在技术上的差距其实很小,他们的区别在于谁犯的错误最少。只有把步法练到近乎本能反应,才能减少犯错率。"飞人"乔丹是篮球高手中的高手,他曾经说:"基本功是我在比赛中最重要的部分,任何我取得的成绩都可以归功于我所练就的基本功。不管你想做什么或想怎样做,如果你想达到最好,就不能忽视基础训练。"

当然,基本功对那些并不想成为高手的选手用处可能没有那么大。所以,一个没想把学生带到高处的教练不会浪费自己和学生的时间去打地基、练基本功。只有希望自己的学生到高处眺望远方的教练才会对基本功绝不马虎，因为能不能成为高手不取决于谁在一开始学得更快、更多，而在于在成为高手的最后关头，是否有控制自己出错率的基本功。真正的好教练绝不会在打地基的阶段偷工减料。

后来我才知道，这位教练原来是一位职业的击剑教练，他曾经带领过职业的击剑运动员。

所以，我的这本书也是写给那些想把孩子带到高处的父母。

世事如棋局局新。人生的精妙就在于，没有完全相同的人生，每一个人的人生都是新局，而对手就是不确定的未来。更何况现在的孩子生活在超速前进的社会。在未来的社会，孩子要面对的是我们现在未曾面对的世界。在那样的世界里，他们要面对我们未曾解决的问题，选择我们未曾尝试的道路。

面对如棋局一样的人生，善弈者谋势，不善弈者谋子。作为父母，我们真正对孩子有帮助的是打牢孩子的基本功，而不是只着眼于眼前的赶超其他孩子。

人生的基本功，是一个宏大的题目，想只用一本书来讲解这个题目是不切实际的。所以在这本书里，我选取了一些我认为父母最需要关注的点并结合了发展心理学、教育学等方面的研究发现来展开讨论。

现在这本书我写完了，您也读完了。在这分别之际，我想最后送上我作为父母的一些心得：

（1）不要为了孩子而活，不要让孩子为了你而活，要让孩子了解你和他都是有着独立思想、独立追求、独立人格的人。

（2）不要用自己的情绪和付出来"教育"孩子，要用自己的人格来影响孩子。

（3）不要用孩子的人生复制、弥补你的人生，要给孩子自由去创造属于他自己的人生。

（4）不要将改变只作为孩子的任务，要让孩子看到你的改变。

（5）不要教孩子追求完美，要教孩子接受世界、他人和自己的不完美。

（6）不要将孩子的行为和思想混为一谈，要给孩子思想的自由和行为的限制。

（7）不要将对孩子的家庭教育简化为"如何提高学习成绩"，要做孩子真正的妈妈爸爸，让孩子真正感受到父母是世上最爱他、最理解他、最接受他的人。

（8）不要害怕孩子的情绪，要教会孩子去认识、表达自己的情绪。

（9）不要害怕自己偶尔的过错，要相信孩子有能力包容他人，尤其是包容自己的妈妈爸爸。

（10）不要认为"为父母争光"是孩子的天职，要将自己的面子排在孩子之后。

（11）不要"套路"孩子，要尽可能地对孩子真诚。

（12）不要把孩子看成缩小版的成人，要尊重孩子的发展规律，孩子的世界跟成人的世界并不一样。

（13）孩子越大你不要管得越紧，要随着孩子的成长逐渐放手。

（14）不要给孩子灌输道理，要给他们时间和机会认识这个世界，得出自己的道理。

（15）不要要求孩子不犯错，要陪伴他们经历、体会、思考、弥补错误。

（16）不要将"做孩子最好的朋友"作为自己的目标，要让孩子除了父母以外还有自己最好的朋友。

（17）不要给孩子提父母也无法做到的要求，要让孩子明白父母的意思是"我会帮你按时睡觉"而不是"你给我按时睡觉"。

（18）不要将注意力只放在孩子的缺点和错误上，要比其他人都更了解、欣赏、认可孩子的优势。

（19）不要只一味地满足孩子的需求，要给孩子机会照顾和满足父母的需求。

（20）不要过多地表扬孩子，要让孩子知道父母很关注他的内心。

（21）不要怀疑孩子内在的力量，要相信和激发孩子积极向上的内在动力。